手绘山海经

异域远国

第二册

于春娥 ◎ 著
方艺 ◎ 绘

江苏凤凰文艺出版社
JIANGSU PHOENIX LITERATURE AND ART PUBLISHING

图书在版编目（CIP）数据

手绘山海经. 第二册, 异域远国 / 于春娥著；方艺绘. -- 南京：江苏凤凰文艺出版社, 2025.6. -- ISBN 978-7-5594-8364-5

Ⅰ. K928.626-49

中国国家版本馆CIP数据核字第2025MB6704号

手绘山海经·第二册 异域远国

于春娥 著　　方 艺 绘

出 版 人	张在健
项目统筹	孙 茜
图书策划	墨染九州
责任编辑	周 璇
特约编辑	曹 月
装帧设计	乐 翁
责任印制	杨 丹
出版发行	江苏凤凰文艺出版社
	南京市中央路165号，邮编：210009
网　　址	http://www.jswenyi.com
印　　刷	天津睿和印艺科技有限公司
开　　本	710毫米×1000毫米 1/16
印　　张	54
字　　数	746千字
版　　次	2025年6月第1版
印　　次	2025年6月第1次印刷
书　　号	ISBN 978-7-5594-8364-5
定　　价	198.00元（全5册）

江苏凤凰文艺版图书凡印刷、装订错误，可向出版社调换，联系电话 025-83280257

序言

在中国，几乎男女老少都知道这样一部古老的奇书——《山海经》。

《山海经》是一部充满神奇色彩的著作，也是一部记述上古时期国家地理、神仙精怪的古籍，内容不但有山川、国家，还有药物、矿物、巫术等。里面的一草一木、一鱼一鸟、一兽一妖、一人一神都充满了无限魅力。

在《山海经》的世界里，有大禹的得力助手旋龟，有吃掉它可以消肿，祛除痔疮的虎蛟，有喜欢喝酒、跑得飞快的狌狌，有以乳为眼睛、肚脐为口的刑天……可以说，《山海经》不仅是后世文学艺术创作的源泉，也是中国传统神话传说的摇篮。

我们耳熟能详的"精卫填海""后羿射日""夸父逐日"等神话故事都是从《山海经》中诞生的，而庄子、屈原、李白、苏轼、关汉卿、蒲松龄、纪晓岚、鲁迅等人也受《山海经》影响颇深。在《山海经》的影响下，他们创作出极富想象力与创造力的作品，如《庄子》《离骚》《聊斋志异》《阅微草堂笔记》等。

在《阿长与〈山海经〉》中，鲁迅先生也用生动的语言写道："曾经有过一部绘图的《山海经》，画着人面的兽，九头的蛇，三脚的鸟，生着翅膀的人，没有头而以两乳当作眼睛的怪物……可惜现在不知道放在那里了。"

后来，鲁迅收到了长妈妈给他带来的四本《山海经》，读完后，鲁迅先生是这样描述自己当时心境的："我似乎遇着了一个霹雳，全体都震悚起来；赶紧去接过来，打开纸包，是四本小小的书，略略一翻，人面的兽，九头的蛇，……果然都在内。"

晋代诗人陶渊明在读完《山海经》后，被其瑰丽而大胆的想象所折服，然后一口气写成《读〈山海经〉十三首》，可见其影响力之深远。正因为《山海经》在中国文学中拥有极其重要的地位，所以新部编版小学语文课本中收入了《山海经》原文，而在新部编版初中语文课本中，更是明确要求孩子课外阅读《山海经》！

不过，《山海经》虽然对人们有着巨大的影响力与吸引力，因其生僻字多，孩子们读起来会很吃力。为此，《手绘山海经》应运而生！

本书将《山海经》原文进行梳理，在查阅各种资料的基础上，力图将原本生僻难懂的文字变得有趣。然而在撰写时，我们也发现，因为古籍流传版本的不同，《山海经》原文可能与我们的印象出现巨大的偏差，例如，后羿到底是人还是神？羲和与常羲的身份是怎样的？这在不同版本中就出现了矛盾，甚至在同一版本中还出现了同一个英雄或神怪在完全不同的两个故事里以不同的身份出现等问题。

鉴于此，我们结合《山海经》留下的多个版本，如《正统道藏》本、《古今逸史》本、《四库全书》本和《山海经校注》本，对所有元素都尽力做了最符合原文的说明，然终有无法尽善之处，还希望读者能够谅解。

但无论如何，作为中国古代最具有想象力、最奇异的文化典籍，阅读它，可以让我们的孩子了解我国源远流长的历史文化，增长知识，开阔眼界，丰富体验，获得乐趣。本书中长相奇特的动植物以及光怪陆离的传说故事，不仅能满足孩子对《山海经》的好奇心，而且能提高孩子的想象力与创造力。

在《手绘山海经》中，我们可以见识神奇的国家，有趣的鸟兽，威严的异人，奇幻的花草……为了提升孩子的阅读体验，本书还加入了大量精美的手绘插图。这些插图色彩鲜明，与文字搭配得非常巧妙，这种巧妙的图文搭配能让《山海经》中的神奇动物、植物跃然纸上，让《山海经》真正做到好看、好读、好懂！

下面，就让我们翻开本书，一同开启奇妙的"山海之旅"吧！

目录

|上篇|
稀奇古怪的人类国家

01 你知道有个地方不劳动也能衣食无忧吗？
　　 戟民国 ……………… 002

02 捕鱼，我用手臂
　　 长臂国 ……………… 005

03 看我，左手一条蛇右手一条蛇
　　 巫咸国 ……………… 008

04 最少也能活到800岁
　　 轩辕国 ……………… 011

05 男人也能生孩子
　　 丈夫国 ……………… 014

06 虎豹熊罴都供我驱使
　　 白民国 ……………… 016

07 你猜我的耳朵有多长
　　 聂耳国 ……………… 019

08 眼睛长在手上
　　 深目国 ……………… 022

09 黄金，我们这里多得是
　　 流黄辛氏国 ……………… 024

10 我们不吃饭，只吃空气和土
　　 无启国 ……………… 027

11 女子也能撑起一片天
　　 女子国 ……………… 030

12 如果只吃鸟蛋会怎样？
　　 沃民国 ……………… 032

13 蛇能吞象吗？
　　 朱卷国 ……………… 035

14 谁带狗，我们都是带老虎出门
　　 君子国 ……………… 038

	在这里你看不见自己的影子		有时连树皮都没得穿
15	寿麻国 ………… 041	**17**	肃慎国 ………… 047

	其实树叶也挺好吃的		蜮,亦我们所爱也
16	盈民国 ………… 044	**18**	蜮民国 ………… 049

|中篇|
千奇百怪的异人国家

	我们用翅膀当拐杖		你猜我们的一只眼睛长在哪里
19	讙头国 ………… 054	**24**	一目国 ………… 069

	你知道我们为什么要让竹竿穿胸而过吗?		你知道我的脚是怎么长的吗?
20	贯胸国 ………… 057	**25**	柔利国 ………… 072

	你说三个脑袋会吵架吗?		科技发达的远古国家
21	三首国 ………… 060	**26**	奇肱国 ………… 075

	你以为只有哪吒有六臂吗?		没有肠子会怎样?
22	三身国 ………… 064	**27**	无肠国 ………… 078

	即便只有一条胳膊,我们也能生活		你在流沙中住过吗?
23	一臂国 ………… 067	**28**	埻端国 ………… 081

	我们住在流沙之外		你见过没有骨头的人吗？
29	大夏国..........084	**31**	牛黎国..........089

	我们要排队走		我们一起来产卵吧
30	三苗国..........087	**32**	卵民国..........091

|下篇|
光怪陆离的兽人国家

	有羽毛就会飞吗？		你会两腿交叉走路吗？
33	羽民国..........096	**40**	交胫国..........117

	不要惹我，否则我喷火烧你		我来自大荒
34	厌火国..........099	**41**	靖人国..........120

	其实我身上的黑毛也很帅		头脑精明难道不好吗？
35	毛民国..........102	**42**	焦侥国..........123

	你看我这浑身毛发像什么？		腿很长的话好走路吗？
36	枭阳国..........105	**43**	长股国..........126

	看我的狗头		我们是巨人的精英
37	犬戎国..........108	**44**	夸父国..........128

	生活在海中的乐趣		大脚，怎么了？
38	陵鱼国..........111	**45**	跂踵国..........132

	来，我们看谁跑得快		舌头分叉，怎么吃东西？
39	钉灵国..........114	**46**	歧舌国..........135

	你看过九尾狐吗?		头上长三只角会怎样?
47	青丘国............138	**51**	戎国..............151

	我们的宠物是蛇		我喜欢大海
48	黑齿国............141	**52**	始鸠国............154

	我们只长一只眼		我们不是刺猬,却长了一个刺猬头
49	鬼国..............145	**53**	环狗国............157

	我就是传说中的美人鱼
50	氐人国............148

上篇

稀奇古怪的人类国家

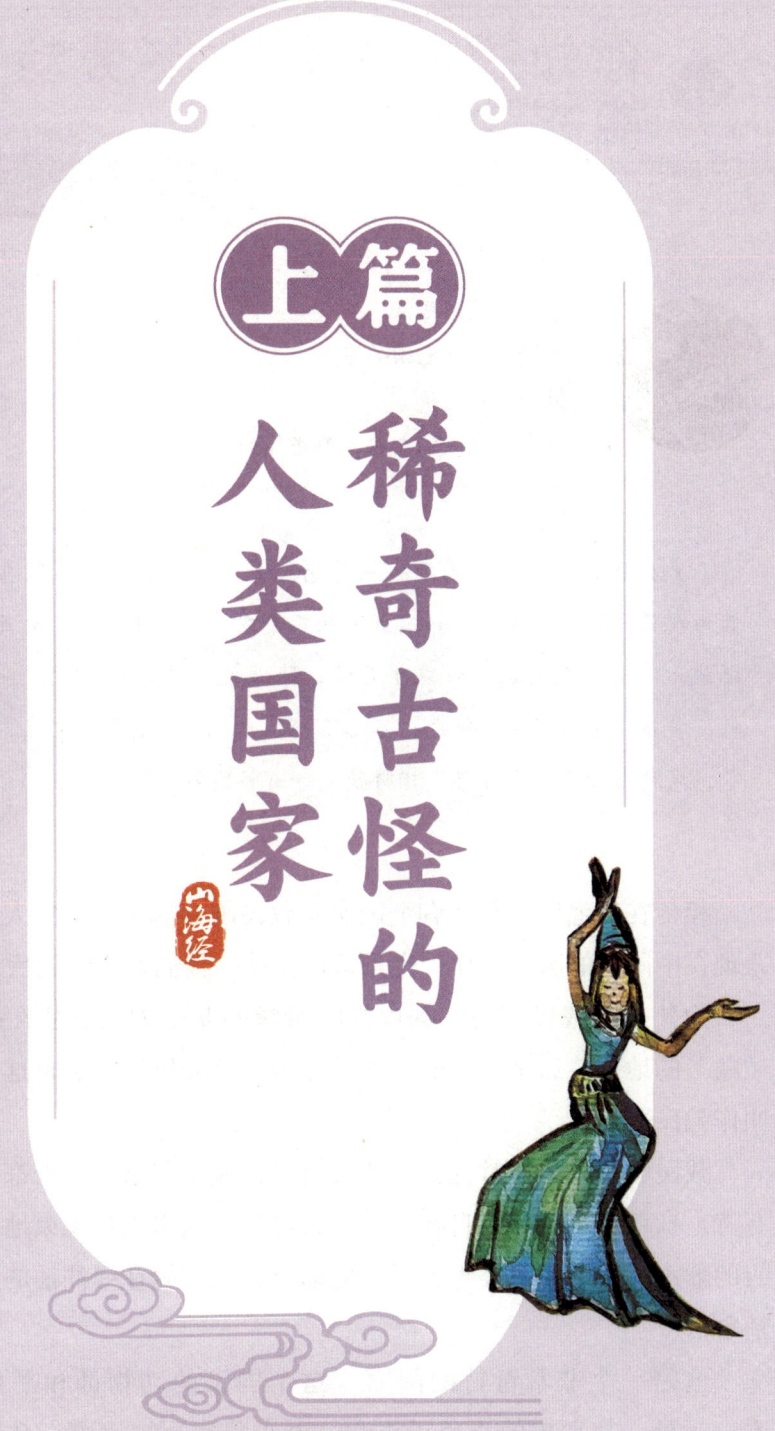

你知道有个地方不劳动也能衣食无忧吗?

载(zhì)民国

技能：使用弓箭
地域：在三毛国的东边
外貌：黄皮肤
特点：吃五谷杂粮，群居相处

> 载民国，出自《山海经·海外南经》，其记载："载国在其东，其为人黄，能操弓射蛇。一曰载国在三毛东。"《山海经·大荒南经》记载："有载民之国。帝舜生无淫，降载处，是谓巫载民。巫载民盼姓，食谷，不绩不经，服也；不稼不穑，食也。爰有歌舞之鸟，鸾鸟自歌，凤鸟自舞。爰有百兽，相群爰处。百谷所聚。"

相传在三毛国的东边有个国家叫载民国，这个国家的人都姓盼，跟现在中国人的肤色一样，也是黄色皮肤。他们是帝舜的后代。

为什么叫载民国呢？据说当时帝舜的儿子无淫居住在一个叫作"载"的地方，后来这里的人就被称为"巫载民"，于是这个国家就叫作载民国。

载民国的景色非常优美，蓝天白云，流水潺潺，到处都是花草的芬芳。鸾鸟在这里自由自在地歌唱，凤鸟在这里无拘无束地舞蹈，动听的歌声和优美的舞姿吸引了其他动物，它们躺在绿油油的草地上尽情欣赏。

这是一个非常奇特的国家，这个国家的动物都和平相处。你看，远处一只调皮的小兔子正和一群小狼崽玩捉迷藏，几只肥硕的

山羊竟然跟老虎赛跑，那边几个孩子正跟狮子嬉戏。这里没有争吵，没有地位的高低，没有身份的尊卑，一切都是那样和谐。

最让人不可思议的就是，在这里大家不用耕种，就有美味的食物吃；大家不用纺纱织布，就有漂亮的衣服穿；不管什么时候饿了、渴了，只要你一伸手，想吃的食物就会出现在身旁，你直接拿来吃就行了；你觉得有点冷了，或者想换衣服了，只要你一想，身上的衣服就会自动换成你想要的样子，并且还是干干净净的。

在这里，大家什么都不用干，就能衣食无忧。因为没有生存的压力，每天不用担心能不能填饱肚子，所以你可以想干什么就干什么。你可以躺在地上数天上的星星，你可以观察风是如何吹动树叶的，蜜蜂是怎样采蜜的，蚂蚁是怎样搬家的；你也可以跟天鹅学跳舞，跟狼学跑步。载民国的人如果实在闲得发慌，就会用弓箭去射蛇，所以他们射箭的技术非常高。

这样美得像天堂一样的地方谁不想去呢？但是它到底在哪儿呢？如果你找到了这个地方，一定不要忘记告诉我啊！

02 捕鱼，我用手臂

长臂国

技能：擅长捕鱼
地域：在周饶国的东面
外貌：手臂特别长
特点：喜欢吃鱼

> 长臂国，出自《山海经·海外南经》，其记载："长臂国在其东，捕鱼水中，两手各操一鱼。一曰在焦侥东，捕鱼海中。"《山海经·大荒南经》记载："有人名曰张弘，在海上捕鱼。海中有张弘之国，食鱼，使四鸟。"

很久很久以前，在周饶国的东面有一个奇怪的国家，这个国家的人身材跟正常人一样高，但是手臂却特别长，完全伸开了能有三丈长，比人身子还长，于是人们就将这个国家叫作长臂国。不过，也有人说长臂国在焦侥国的东面。

因为手臂比身体还长，所以平时大家只能将手臂弯曲起来，只有需要用的时候才放开。虽然有时带着长长的胳膊不是很方便，但是当抓水中的鱼时，那是相当方便的。他们在水中捕鱼，根本就不用弯腰，看见鱼，手一伸就抓住了，并且一手一条。如果水比较深，他们可以趴在岸边，然后用长长的胳膊去捞鱼，因为胳膊比身体长，所以能抓到深处的鱼。当然，有时他们累了想休息一下，不想亲自捕鱼了，便放出鱼鹰等猛禽来帮助自己捕鱼。

据说在长臂国附近还有一个长脚国，他们的腿特别长。如果要去海里捕鱼，长脚国的人会和长臂国的人合作，由长脚国的人背着长臂

国的人，这样就能捕到大海深处的鱼了。

　　长臂国的人的优势不仅仅是这些，在摘野果时，长臂国的人也比其他国家的人占优势。当其他国家的人还在琢磨怎么才能爬到树上时，长臂国的人已经开始采摘了；当其他国家的人才爬到树上，长臂国的人已经吃饱了；当其他国家的人气不过要来打架时，长臂国的人将他们轻松拎起来，扔到很远的地方。气也没有用，谁让你没有像人家那样长着长长的胳膊呢？

　　虽然他们的腿不长，但是他们有长胳膊啊，他们手一伸就能抓住树上的藤蔓，然后轻轻一荡，就"嗖"的一声飞远了。遇到悬崖，人家伸手就能抓住对面的石块，然后稍微一用力就过去了；遇到陡坡，人家双手一撑就上去了。

　　不过，长臂国的人比较费布料，因为他们的胳膊太长了，光衣袖就需要好多布料。此外，吃饭也比较麻烦，因为手臂太长了，即使弯曲也不好把食物送到嘴里，于是他们就相互喂食，你喂我一口，我喂你一口，一家人其乐融融，看起来就很温馨。如果哭了，或者流鼻涕了，也只能求助别人，所以长臂国的人都很友好，喜欢帮助别人，其实帮别人也是在帮自己。

03 看我，左手一条蛇右手一条蛇
巫咸国

技能：会巫术
地域：在女丑尸体北边
外貌：跟正常人一样
特点：右手拿着青蛇，左手拿着赤蛇

> 巫咸国，出自《山海经·海外西经》，其记载："巫咸国在女丑北，右手操青蛇，左手操赤蛇。在登葆（bǎo）山，群巫所从上下也。"

远古时期，在女丑尸体北边有一个由一群巫师组成的国家，叫作巫咸国。这里的巫师左手握着一条红蛇，右手拿着一条青蛇，他们可以从国内的登葆山到达天庭。登葆山是大荒之地的一座灵山，上面长满了各种灵药，包括不死树和不老泉。据说，人只要吃了不死树上的果实，或者喝了不老泉的泉水就能长生不老。

巫咸国中最出名的巫师有巫咸、巫即、巫彭、巫盼、巫姑、巫真、巫礼、巫抵、巫罗、巫谢等十位，其中，巫咸是群巫之首。据说巫咸能从登葆山去往天庭跟天帝直接沟通，可以将人民的意愿传达给天帝，也能将天帝的意旨转达给人民。巫咸非常擅长占星术，能预测人的生死存亡，还能治病救人。

巫咸的巫术非常厉害，据说可以到达"祝树树枯，祝鸟鸟坠"的地步。不仅如此，他的医术也很好，并且还有一颗仁爱之心。如果他预测到附近将要发生灾难，就会想办法化解；如果预测到百姓将有生命之忧，就上登葆山为百姓祈福；如果附近的百姓生病了，他就到登

葆山上采集一些名贵仙药，免费为百姓治病。因为巫咸的尽心尽力，附近的人都非常感激他，生活在这一带的百姓都很幸福，他们不仅健康，还长寿。

没人知道巫咸是什么时候的人。相传神农曾让巫咸主筮。黄帝跟炎帝在涿鹿之战前，请巫咸用蓍（shī）草占卜，前几次占卜的结果都不好，于是黄帝就没出征，直到占卜的结果非常好时，黄帝才出征，果然打败了蚩尤。

还有人说巫咸是尧帝时代的人，尧帝将他尊为神巫，还请他做了自己的良相。为了表达自己对巫咸的尊敬，尧帝将登葆山封给巫咸，后来巫咸死后让他葬在这座山中，并将巫咸曾经住过的地方称为巫咸国，于是巫咸的儿子——巫贤就成了巫咸国的国王。有记载说巫贤在商王祖乙时期也是一个著名的大巫师，主要负责商王跟天帝之间的沟通。

为什么不同的时期都有巫咸的传说？有没有可能巫咸能长生不老，活的时间特别长，所以才在不同时期都有他的记载？

04 最少也能活到800岁

轩辕国

技能：长寿
地域：在女子国的北边
外貌：人面蛇身
特点：吃凤凰卵，喝甘露

> 轩辕国，出自《山海经·海外西经》，其记载："轩辕之国在此穷山之际，其不寿者八百岁。在女子国北，人面蛇身，尾交首上。穷山在其北，不敢西射，畏轩辕之丘。在轩辕国北，其丘方，四蛇相绕。"《山海经·大荒西经》记载："有轩辕之国。江山之南栖为吉，不寿者乃八百岁。"

过了女子国，再向北就是轩辕国，旁边还有一座大山叫穷山，不过居住在穷山里的人都不敢向西拉弓射箭，因为惧怕西边的轩辕丘。轩辕丘在轩辕国的北边，里面有黄帝威灵，有四条大蛇在旁边守护，没人敢靠近，否则就要面临四条大蛇的袭击。

相传轩辕黄帝就是骑着龙在荆山上天的，还有七十多个人跟黄帝一起上天了。一些大臣也想跟黄帝一起上天，只是黄帝没带他们，于是他们就去抓龙髯（rán），结果把龙髯都拔了下来，人也摔倒在了地上，据说连黄帝的乌号弓都被抓掉。不过，也不是随便什么人都能上天，那些没能上天的人就抱着龙髯和乌号弓痛哭流涕。虽然黄帝上天了，但是黄帝的威名还在世间流传，受到世人的尊敬。

轩辕国的人长着人的面孔、蛇的身体，他们将尾巴高高盘在头顶，虽然看起来很吓人，但是举止非常文雅，因为他们是黄帝的后

裔，讲究礼仪。轩辕国的人都有一颗仁爱之心，不仅乐于帮助别人，还能跟那里的动物和谐相处。

鸾鸟在空中高声歌唱，凤凰在大树上翩翩起舞，并且这里的凤凰还会下蛋给轩辕国的人吃，导致母鸡都没了用武之地。不过轩辕国的人并没有因为母鸡没用了就苛待它们，还是好好地照顾母鸡，让它们快乐地生活。

轩辕国的人品德高尚，爱好和平。如果周围其他国家遇到困难，他们都会毫不犹豫地伸出援助之手；如果附近有国家发生了战争，他们会居中调解，因此也避免了很多战争带来的灾难，救了很多人的命。

正是因为轩辕国的人这样善良，上天对这里也是格外厚爱，降下甘露让他们饮用，使得他们的身体异于常人。冬天大雪纷飞，别的地方的人都里三层外三层地加衣服，轩辕国的人却根本感觉不到冷，所以也不用添加衣服；夏天天气炎热，别的地方的人扇子不离手还汗流浃背，轩辕国的人却一点也不觉得热，每天都神清气爽。最厉害的就是轩辕国的人最少都能活800岁。

800岁啊，这是多少人梦寐以求的，当年秦始皇那么苦苦相求，上天也没给他，但是轩辕国的人轻轻松松就得到了，你说气人不气人。不过，想想人家都能跟动物和谐相处，连凤凰都自愿把蛋送给他们吃，难怪他们能长寿。

05 男人也能生孩子

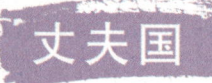

技能：会生孩子
地域：在维鸟栖息地的北边
外貌：跟正常人一样
特点：常年佩剑

> 丈夫国，出自《山海经·海外西经》，其记载："丈夫国在维鸟北，其为人衣冠带剑。"《山海经·大荒西经》记载："有丈夫之国。"

你听说过维鸟吗？这是一种妖鸟，它们栖息在女巫祭的北面，长着人的面孔，浑身上下的羽毛有青色的，也有黄色的。如果这两种颜色的维鸟聚齐在一个国家，那么这个国家就会灭亡。

在维鸟栖息地的北边就有一个叫作丈夫国的国家。想想就很恐怖，如果哪天这两种颜色的维鸟一起去丈夫国闲逛，那丈夫国不就消失了吗？

可能你会说："丈夫国应该就是全是男人、没有女人的国家吧？这样的国家不用维鸟去，自己就会消失吧？因为没有女人，男人又不会自己生孩子，所以这个国家就没有孩子，没有孩子的国家又怎么能存续呢？"

别的地方的男人不会生孩子，不代表丈夫国的男人不会生孩子啊。据说商朝国君听说西王母那里有很多灵丹妙药，就派大臣王孟一行人去西王母那里求长生不老药。为了早日寻找到长生不老药，商朝国君安排的这一行人都是男人。

王孟他们走了很久也没找到西王母所住的地方，这时所带的干粮也快吃完了，到底是继续向前还是回去呢？继续找下去，大家可能会饿死；但是如果就这样回去，国君交代的任务肯定无法完成。最后王孟他们决定自己想办法解决食物的问题，继续为国君寻找不死仙药。

王孟他们做了决定后就又上路了，饿了他们就摘树上的野果充饥，渴了他们就饮山间泉水。又走了很久，大家身上的衣服都破了，变成一条一条的，他们就用身上背的剑砍下树皮，然后将其绑在身上当衣服穿。不幸的是他们在一座荒山里迷路了，怎么也走不出去，最后大家只能无奈地留在荒山里，准备老死。

王孟他们的忠心感动了天帝，天帝怜悯他们一行人都没有后代，于是就施法让他们从背肋间生出两个儿子，孩子生下后本人就死了。依靠这个办法，王孟一行人的后代在这里繁衍下来。久而久之，因为这里只有男人，便成了丈夫国。

生活在这里的孩子很可怜，没有妈妈不说，一出生连爸爸也没有。幸亏这里的人不是同时生孩子，否则连个大人都没有，这些刚出生的孩子该怎么生活？该跟谁学习生活技能？跟他们一比，还是我们这些既有爸爸又有妈妈的人类比较幸福。

虎豹熊罴都供我驱使

白民国

技能：会用美丽的外貌骗人
地域：在龙鱼生活的地方的北边
外貌：除了嘴唇，全身上下的皮肤都洁白如玉
特点：以玉为食

> 白民国，出自《山海经·海外西经》，其记载："白民之国在龙鱼北，白身被发。有乘黄，其状如狐，其背上有角，乘之寿二千岁。"《山海经·大荒东经》记载："有白民之国。帝俊生帝鸿，帝鸿生白民，白民销姓，黍（shǔ）食，使四鸟：虎、豹、熊、罴（pí）。"

在龙鱼生活的地方的北边有一个叫作白民国的地方，这里的人个个肤白貌美。除了嘴唇是红色的，他们全身上下的皮肤都洁白如玉，就连头发、眉毛都是白色的。白民国的白不是普通的白，而是那种晶莹剔透的白，这里的人仿佛是冰雕玉琢的，非常美丽。

为什么白民国的人这么白呢？据说因为这个国家盛产玉石，没有五谷杂粮，所以这里的人民只能以玉为食。白民国的人平时饿了，就摘取从玉石中长出的叶子吃。这种叶子非常柔软，不像树叶那样粗糙，味道甜甜的，吃起来脆脆的，非常美味。当然了，如果家里来客人了，白民国的人就用膏露浸泡玉屑制成的美酒来待客。这种酒喝起来就像甘露，但是后劲非常大，如果饮一升能醉三年。

这里的人喜欢将一头白发随意披散开来，喜欢穿白色的衣服，戴白色的帽子，就连住的房子也是白色的，上面装饰的花也是白色的。走进白民国，你仿佛来到一个冰雪世界，白茫茫一片，感觉非常

干净。

不过，不要被他们的外表所欺骗。白民国的人看起来白衣飘飘，好像很文雅的样子，其实他们骨子里是非常坏的。

他们经常在白民国附近游荡，看到外来的人就用他们美丽的外表取得他人的信任，将他们骗回家后就奴役他们，让他们给自己干活儿，并让他们给自己寻找一种叫作乘黄的神兽。乘黄的样子跟狐狸很像，但是背后长着犄角，据说人只要骑了它就能活到2000岁。如果外来人敢反抗或逃跑，白民国的人就驱使老虎、豹子、熊、罴等野兽收拾或抓捕他们。想长寿，就自己去找啊，为什么逼迫别人给自己找？

为了能骗取更多的人，白民国的人还学习文化，不过他们将"幼吾幼，以及人之幼"读成了"切吾切，以反人之切"。最可笑的是他们还不知道自己学的是错误的，还到处跟别人炫耀，如果有人指出他们的错误，他们还会恼羞成怒，简直就是一群掩耳盗铃的小偷。

因为周围的人都知道了白民国不好，不能去，于是白民国的人就到处挑拨是非，让周围的国家发动战争，然后他们带着老虎、豹子、熊、罴这四种野兽去掺和，逼迫战败国给自己补偿。

这样坏的国家大家一定要认清楚，不要被他们精心包装过的"美貌"所蒙蔽，要早日认清他们的丑恶嘴脸，并团结一致将他们消灭。

07 你猜我的耳朵有多长
聂耳国

技能：善于射击
地域：在无肠国东边的一座孤岛上
外貌：耳朵特别大
特点：喜欢带两只老虎

> 聂耳国，出自《山海经·海外北经》，其记载："聂耳之国在无肠国东，使两文虎，为人两手聂其耳。县居海水中，及水所出入奇物。两虎在其东。"

在无肠国的东边，有一座被海水环绕的孤岛，聂耳国就位于这座孤岛上。这里的人除了耳朵特别大外，其他都跟正常人类一样。他们的耳朵有多大呢？如果完全放开能垂到胸前，有更长的甚至可以垂到腰间。

因为聂耳国人的耳朵太大了，又垂下来盖住了耳道，导致他们的听觉不是很灵敏。在这里，大家打招呼也不再是问好，而是用耳朵相互碰一下。走路的时候，为了不让耳朵妨碍行动，聂耳国的人就用双手托着耳朵，如果不托着，肥大的耳朵摆来摆去，可能会将人带倒。

干活儿的时候，因为要用到手，就没法再托耳朵了，他们就要先找个地方把耳朵放起来，或者直接将耳朵甩到背后，再用绳子绑起来。即便这样，聂耳国的人干活儿也很不方便，不过他们有驯服老虎的能力。老虎很听他们的话，帮他们干一些活儿——比如打猎，这样他们就不用托着大耳朵跑来跑去了。

虽然耳朵大有很多不便，但是也有很多好处。因为耳朵大，又有弹性，所以聂耳国的人常常将自己的耳朵当弹弓，遇到鸟雀等猎物，直接从地上捡起石头，夹在耳垂中，然后射击。他们的射击技术非常高，可以达到百步穿杨的地步。如果他们在河边发现了鱼，就会直接将自己长长的耳朵当诱饵，放入水中，感到鱼儿咬紧后再快速上提，一些比较贪吃不舍得松口的鱼儿就被"钓"了上来。

聂耳国的人外出都不用带包裹，因为需要带的东西只要打包放到耳朵中裹起来，背到背后就好了。遇到高山悬崖不好下，他们就用树枝将自己的耳朵像飞鸟的翅膀一样撑开，然后"飞"下去。遇到下雨天，直接将耳朵盖在头上就能避雨。如果突然变冷，就将耳朵放在胸前，还可以抵挡寒气。遇到打不过的极其危险的猛兽，聂耳国人也不怕，他们会将耳朵涂上泥巴，然后躲在草丛中，用大耳朵盖住自己，让自己隐藏起来，这就是完美的"隐形衣"啊。

聂耳国的孩子喜欢比耳朵的大小，谁的耳朵长，长得又好，谁就是"老大"，其他人就要听"老大"的话。他们还比用耳朵射击的技术，谁打得准，打得远，谁就厉害，就会受到人们的尊敬。

聂耳国的女孩子还会打扮耳朵，在上面戴上漂亮的花朵。如果你遇到喜欢将自己耳朵装饰得漂漂亮亮的长耳朵女孩子，千万要注意安全，假如她是聂耳国的人，可能身边会有两只老虎。

08 眼睛长在手上

技能：擅长捕鱼
地域：在相柳氏的东边
外貌：眼睛长在手掌上
特点：姓盼，以鱼为食

> 深目国，出自《山海经·海外北经》，其记载："深目国在其东，为人深目，举一手，一曰在共工台东。"《山海经·大荒北经》记载："有人方食鱼，名曰深目民之国，盼姓，食鱼。"

相柳氏是共工的一个臣子，长着九个脑袋，每个脑袋上都长着人的面孔，身体却是青色的大蛇，吃东西的时候，相柳氏将九个脑袋分别放在九座山上。深目国人就居住在相柳氏的东边。

深目国的人姓盼，以鱼为食。为什么把他们叫深目国呢？因为这里的人眼眶深陷，眼眶里面也没有眼睛，他们的眼睛长在手掌上。当深目国的人想要看上面的东西时，他们就将手掌朝上；想看下面的东西时，他们就将手掌翻到下面；想看前后左右的东西时，他们就将手掌向前、向后、向左或向右，这样就能"眼观六路，耳听八方"了。

跟我们的眼睛相比，深目国人的眼睛能看到的范围更广。听到后面有声音，他们不用回头，直接将手转过去就能看清楚

后面有什么；想看天上的彩虹，不用抬头，直接翻转一下手掌就能看到。因为这个原因，他们的脖子不经常转动，但是，总也不用的话，会不会"生锈"呢？还有，总是这样举着眼睛，胳膊会不会很累呢？这样看来，深目国的人臂力应该都不错。不信，你举着一只手待会儿试试累不累。

深目国人因为眼睛长在手上，要做需要用眼睛的活儿时只有一只手，还是有些不便。比如打猎对他们来说就不太方便，一只眼睛瞄准也困难。不过，幸好他们可以利用眼睛长在手掌中的优势去捕鱼。他们将长着眼睛的手放到水里，就能清楚地知道鱼儿都躲在哪里，然后下网捕捞，这样一捞一个准儿。

如果你来到深目国，迎面看到的每个人都举着一只手，千万不要以为他们是在跟你打招呼，那是他们举着眼睛看路呢。当深目国的人看到我们没有举着手也能快步如飞时，是不是会很惊讶呢？他们会不会想我们是怎样做到这一切的呢？

你觉得是他们那样的眼睛好呢，还是我们这样的眼睛好呢？不过，如果像他们那样眼睛长在手掌里，近视了怎么办呢？是直接将眼镜戴在手上吗？既然有人的眼睛能长在手掌上，那么有没有人的嘴长在手上呢？如果是这样的话，我们吃饭的时候怎么才能抢过他们呢？

09 黄金,我们这里多得是

流黄辛氏国

技能:会淘金
地域:疆域方圆三百里,国内有巴遂山
外貌:跟正常人一样
特点:勤劳

流黄辛氏国,出自《山海经·海内经》,其记载:"有国名曰流黄辛氏,其域中方三百里,其出是麈(zhǔ)。有巴遂山,渑水出焉。"

很久很久以前,有一个叫流黄辛氏的国家,它的疆域方圆三百里,国内有一座巴遂山,渑水就发源于这座山。这个国家的山一年四季都绿油油的,里面生活着很多动物,包括麈、山羊等。这里的河水也静悄悄地流,但是流过的地方却金灿灿的,散发迷人的光芒。这些金灿灿的物质就是黄金,流黄辛氏国就是一个盛产黄金的国家。

流黄辛氏国国民生活很幸福,他们可以淘金。这些金灿灿的东西就像太阳,它们的光芒是那样美丽,并且还很柔软,可以做成各种漂亮的形状;把这些漂亮的东西戴在身上,好像随身携带了一个小"太阳",所以它们很受大家的欢迎。其他国家的人愿意用吃的、喝的、穿的、用的来跟他们交换,这样流黄辛氏国国民不用畜牧、养殖也吃喝不愁。

但也不是所有的流黄辛氏国国民都愿意去淘金,因为淘金时总弯着腰,实在太累了。再说流黄辛氏国有山有水,一年四季植物和水源都丰富,非常适合放牧,于是有人就以放羊为生。每天天刚亮,

他们就赶着羊群进山了。山羊们迈着小碎步，一边"咩咩"地"呼儿唤女"，让孩子快些走，一边细心观察周围的环境，以防发生什么不测。

还有一些既不愿意淘金，也不愿意放牧的人就种植禾木——大多是薏米，这样就不用一年四季都不停地劳动了。因为这里气候好，阳光充足，一年四季都很温暖，水分也充足，所以非常适合薏米生长。春天的时候，他们将薏米种子播种下去；等到长高一点，再将里面的杂草除去；等到秋天的时候，看到下面的叶子开始转黄就可以收割了。如果勤劳一点，粮食收得多，还可以跟养羊的换几只羊打打牙祭，还有多的也可以跟淘金的换点金子臭美一下。

当然了，流黄辛氏国国民也有非常勤劳的，有的人什么都干，早起去种植禾木，然后去放牧，到傍晚再去淘金，虽然辛苦一些，但是他们什么都有啊。射箭技术好的人，没事还到巴遂山上打猎呢，这样吃的就更丰富了。

流黄辛氏国的人虽然家里有金矿，但是人家一点都不骄傲，还是辛勤地劳作，正是因为勤劳，他们才越来越富有，后来被人称为"黄金家族"。

10 我们不吃饭，只吃空气和土
无启国

技能：会死而复生
地域：在长股国的东边
外貌：男女长得差不多
特点：吃空气和土

> 无启国，出自《山海经·海外北经》，其记载："无启之国在长股东，为人无启。"

在长股国的东边有个国家叫无启，这是一个非常奇特的国家，到底有哪些奇特之处？且听我慢慢道来。

奇特之一：大多数国家都有男女之分，但是无启国的国民却没有男女之别，他们看起来长得都差不多，穿的衣服也类似，根本看不出男女来。实际上他们确实也不分男女，这个国家的所有人都是一个性别，那就是中性，不男不女。

既然只有一个性别，那么他们怎样生孩子呢？这就是无启国另一个奇特的地方。

奇特之二：无启国国民不能生育。丈夫国虽然都是男人，但是在天帝的帮助下却能从背肋间生出儿子，但是无启国因为没有男女之分，也没有天帝的帮助，他们是真的不会生孩子。

人总是要死的吧？既然不能生育，那么随着人的死去，人口会越来越少，到最后这个国家不就灭亡了吗？无启国却没有灭亡，这又是什么缘故呢？这就是无启国的另一个奇特之处。

奇特之三：无启国的人会死而复生。天帝虽然没有直接帮助无启

国解决生孩子的问题，但是却赋予他们一种特异功能，那就是死而复生。无启国的人虽然也会变老，也会死去，但是他们死后埋入土中，心脏依然会跳动，尸体也不会腐烂，大约经过一百二十年后，他们竟然又复活了。

复活过来的无启人开始刨土，然后从坟墓中钻出，又继续生活。虽然经过一百多年，世界已经发生了改变，原来生活的地方也变了模样，但是无启国国民很快就会适应这个新时代。他们会丢掉以前的记忆，重新开始自己的生活。

他们知道自己会死而复生，生而复死，所以将生死、名利看得特别淡。他们将死亡叫作"睡觉"，将活着叫作"做梦"。活着的时候他们就好好生活，按自己的意愿过好每一天，去做自己愿意做的事情，不喜欢的事情从不勉强自己，死了他们就安心睡觉，静静等待下一次苏醒。

正是因为无启国国民有这种特异功能，所以虽然他们不能生育，没有后代，但是他们的国家依然存在。

为什么无启国国民这么奇特？这可能跟无启国国民奇怪的生活习惯有关。

奇特之四：别的国家的人需要吃粮食，但是无启国的人只摄入空气和土。无启国的人居住在洞穴里，那个地方不产五谷，所以没有粮食，为了生活，他们学会依靠呼吸空气为生，偶尔也会拾取泥土为食。虽然无启国也有山，山上也长有一些果木，但是他们吃空气和泥土习惯了，也就不再吃野果了，这可便宜了这里的小动物们，它们天天大快朵颐。

虽然无启国国民可以死而复生，但是他们只能吃没有味道的空气和泥土，想想就感觉少了很多快乐呀。

11 女子也能撑起一片天

女子国

技能： 沐浴黄池的泉水就能怀孕生女
地域： 在轩辕国的南边、巫咸国的北边
外貌： 长得美丽
特点： 国内大小事务都是女子治理

> 女子国，出自《山海经·海外西经》，其记载："女子国在巫咸北，两女子居，水周之。一曰居一门中。"《山海经·大荒西经》记载："有女子之国。"《山海经·海外西经》记载："轩辕之国在此穷山之际，其不寿者八百岁。在女子国北，人面蛇身，尾交首上。"

在轩辕国的南边、巫咸国的北边，有个四面环水的国家——女子国。开始这里只有两个女子居住，但是她们将这个地方治理得井井有条，让其美名远播其他国家，于是其他国家的女子纷纷慕名而来，女子就越聚越多，最后变成了女子国。

在这里，不论大事、小事、家事、国事都是女子处理。在女子国，国家根据每个女子的能力安排相应的事务，比如有的女子力气大，那么就安排她做一些费力的事情；有的女子手非常巧，就安排她们制作一些器具、工具等；有一些女子跑得快，就让她们传递消息；有一些女子会说话，就让她们做一些负责说话的活儿；有的女子会做饭，就让她们负责大家的食物。

让擅长的人做擅长的事情，这就是女子国的用人之法。经过这样的安排，女子国的事情都会在最短的时间内得到最好的处理。

女子国的人民全是女子，国王是女子，官员也都是女子，所有

人都是女子,这里没有一个男子。虽然这里全是女人,但是她们一点都不比男子差,将女子国治理得非常好,让每个女子都生活得快快乐乐。

在女子国,大家都和睦相处,谁家遇到困难,邻居都一起想办法帮忙解决。这里没有其他国家那样"男尊女卑"的说法,没有男子打妻子的"家暴"问题,没有"恶毒婆婆"的事情发生,所以生活在这里的女子个个都很幸福,也不愿离开这个给她们尊严和地位的地方。

如果有女子想要生孩子,那么去国内的一个名叫黄池的泉水中沐浴就能怀孕,等怀胎十个月后就会生下一个可爱的孩子。说来也怪,在这里沐浴怀孕的女子生的孩子也都是女孩,这样女子国就一代一代延续了下来。

12 如果只吃鸟蛋会怎样？
沃民国

技能： 能跟动物和谐相处
地域： 在大荒的西部、白民国的南边
外貌： 跟正常人一样
特点： 以凤凰蛋为食，饮用甘露

> 沃民国，出自《山海经·大荒西经》，其记载："有西王母之山、壑（hè）山、海山。有沃民之国，沃民是处。沃之野，凤鸟之卵是食，甘露是饮。凡其所欲，其味尽存。爰（yuán）有甘华、甘柤（zhā）、白柳、视肉、三骓（zhuī）、璇（xuán）瑰、瑶碧、白木、琅玕（láng gān）、白丹、青丹、多银、铁。鸾鸟自歌，凤鸟自舞，爰有百兽，相群是处，是谓沃之野。"《山海经·海外西经》记载："诸沃之野，鸾鸟自歌，凤鸟自舞。凤皇卵，民食之；甘露，民饮之，所欲自从也。百兽相与群居。在四蛇北。其人两手操卵食之，两鸟居前导之。"

在大荒的西部、白民国的南边，有个国家叫作沃民国。为什么叫沃民国？当然是因为他们居住的地方叫沃野。那可真是一个好地方，土地肥沃，物产丰富，想吃的东西这里都有。

沃民国是一个非常富饶的国家，在大荒可是出了名的。这里的人和动物相处得非常融洽，动物们受伤后，人会帮忙包扎；冬天食物短缺的时候，人也会分一些食物给饥饿的动物。动物们也懂得感恩，有时会爬到树上摘一些野果等食物送给人们，以表达自己的感激之情，有什么危险动物们也会及时通知人类。

沃民国国民吃的食物除了一般的五谷杂粮，还有凤凰蛋，这蛋

是凤凰自愿送给沃民国国民的。因为很早之前，有一只凤凰被其他野兽咬伤了，逃到了这里，爱好动物的沃民国国民想尽办法才将凤凰救活。在沃民国国民精心养护下，这只凤凰慢慢养好了伤，后来就居住在沃民国人给它专门搭建的漂亮"房子"中。

这只凤凰越来越喜爱这里，于是就将其他"亲朋好友"都叫了过来，还将自己之前的邻居——唱歌非常好听的鸾鸟也叫了过来。当然了，它们也不是白住在这里的，天气好的时候，鸾鸟会给沃民国人唱好听的歌，凤凰会为沃民国人表演优美的舞蹈。因为这里的环境非常好，也没有外敌的骚扰，所以凤凰下的蛋也比原来多了不少，于是它们就将多余的送给人们吃，还教会这里的人采集天上降下的甘露喝，所以这里的人寿命都很长。

沃民国的物产非常丰富，大家想吃的东西都能在国内找到。野果、野菜、蛋类、蘑菇、蜂蜜等就不用说了，就是一些罕见的食物这里都有，有时都不用自己摘，成熟后就有一些小动物收集好送到大家门口。

沃民国的动物除了凤凰、鸾鸟，还有视肉兽、三骓马等；这里树木品种繁多，有甘华树、甘柤树、白柳树、白木树、琅玕树等；这里还产玉石，如璇瑰、瑶碧等；还产白丹、青丹等矿物质颜料；还盛产银、铁等矿产，可以说是应有尽有！

13 蛇能吞象吗？

朱卷国

技能：用（巴蛇吐出的）象骨治病
地域：海内西南方
外貌：跟正常人一样
特点：国内有能吞食大象的黑蛇

> 朱卷国，出自《山海经·海内经》，其记载："又有朱卷之国。有黑蛇，青首，食象。"《山海经·海内南经》记载："巴蛇食象，三岁而出其骨，君子服之，无心腹之疾。其为蛇青黄赤黑。一曰黑蛇青首，在犀牛西。"

西南方除了有巴国，还有一个朱卷国。朱卷国有很多崇山峻岭，在一些深山老林中生活着一些体型巨大的动物，比如黑蛇。黑蛇的身体是黑色的，蛇头却是青色的。你知道黑蛇一般有多长吗？大约有800尺吧，当然，有的黑蛇可能比这还长。

这些巨大的黑蛇通常会居住在深山里的洞穴中，天暖和的时候会出来觅食，只要不主动招惹它们，它们是不会袭击人类的，所以朱卷国的人根本不怕黑蛇，遇到了远远躲开就是了。如果实在没看见，已经走到黑蛇眼前了才发现，就主动送给黑蛇一些食物，然后轻轻后退也没事。不管怎样，千万不要让黑蛇觉得你想要冒犯它，否则一条粗壮的尾巴甩过来，或者随便来一口，你可能就一命呜呼了。

一天，一个朱卷国国民上山去打猎，看到一群大象慢悠悠地在山间行走。它们一边走，一边用鼻子卷起一些嫩叶吃，遇到溪流，还会用鼻子吸水将自己的身体清洗一下。

这个人觉得很有趣，就偷偷跟在象群后面观察，突然发现象群停了下来。他抬头一看，天啊，象群前面盘着一条正在晒太阳的黑蛇。这个人祈祷大象们快点退回来，要不太危险了。但是，大象们却没有听到朱卷国人的祈祷，它们可能是第一次看到黑蛇，好奇地伸出长长的鼻子去碰了碰那"坨"黑黑的东西。

大象的碰触惊醒了黑蛇，它抬起那硕大的青色脑袋，吐出红色的芯子，发出"呲呲"的声音，好像在警告大象快点离开，否则它就不客气了。

领头的大象让其他大象先别动，它先去探探情况。于是它又向前走了几步，然后用象鼻子去卷黑蛇。朱卷国的人看到黑蛇的脑袋由青色变成了红色，这是黑蛇受到骚扰发怒的象征啊。但是这只头象好像一点都不害怕，它跟黑蛇对峙，并且抬起重重的蹄子去踩踏黑蛇的身体。

黑蛇也怒了，它快速抬高自己的身体，开始袭击大象。虽然大象的皮肤很厚实，但是黑蛇的牙齿很锋利，它刺穿了大象的皮肤，毒液也注入大象的体内，大象的行动开始变得迟缓起来。黑蛇趁机缠住领头大象的躯体，其他大象想来帮忙，但是领头大象用尽最后一点力气让它们快速离开。

象群依依不舍地离开了，朱卷国人却没有离开，后来他看见黑蛇一口将大象吞进了肚子里，蛇身顿时变得粗壮了很多。吃完大象的黑蛇慢吞吞地挪回自己的洞里，把洞口都挤破了。

三年之后，那个朱卷国的人又来到当时黑蛇吞大象的地方，看到黑蛇这才把三年前吃下的大象的骨头吐出。这人等黑蛇回去后，才走上前将象骨捡起。回家后，村子里有个人心口和肚子非常疼，大家也没有什么好的办法，那个人想黑蛇那么厉害，经过它的体液浸泡的象骨也许有用呢。于是，他用象骨煎水让这个人服下，没想到这个人服下后就不痛了。

14 谁带狗，我们都是带老虎出门

君子国

技能：能驯化老虎
地域：遥远的东方
外貌：文质彬彬
特点：谦让有礼

> 君子国，出自《山海经·海外东经》，其记载："君子国在其北，衣冠带剑，食兽，使二文虎在旁，其人好让不争。有薰华草，朝生夕死。一曰在肝榆之尸北。"《山海经·大荒东经》记载："有东口之山。有君子之国，其人衣冠带剑。"

在遥远的东方有一个君子国，这里的国民个个都是正人君子。他们看起来文质彬彬的，穿得整洁大方，就连头上的帽子都戴得整整齐齐的，每个人的腰间还佩带着一把漂亮的宝剑。

君子国跟别的国家很不一样，别国的人把猫、狗当宠物，但是君子国的人却把老虎当宠物，每人出门必带两只斑斓大老虎，累了可以骑着，需要带的东西可以让老虎帮自己驮着。说来也怪，在其他地方非常凶恶的老虎，到了这里却温驯异常，简直比猫都温顺。

这些体型巨大、看起来有点凶恶的老虎安静地跟在君子国人的身后，以供其驱使，以至于在君子国的大街上满是人和老虎，但是一切又都井井有条。

你看，向东边去的人和老虎排成一队，迅速而又有序地沿一侧行走；向西边去的人和老虎排成另一队，沿道路的另一侧有序地行走。这里没有人插队，没人破坏规矩乱走，所以道路一直很通畅，没有拥

堵。如果有人有急事,需要加快速度,那就在专门的"应急道路"上走。

君子国的人吃肉类,也吃蔬菜。在君子国有一种很奇特的薰华草,它在清晨开出美丽的花朵,有红的、白的、紫的,到了傍晚花朵就凋谢了,等第二天清晨再次盛开,然后傍晚又凋谢。君子国民就趁薰华草开花的时候将其摘下,然后将其做成美味的日常食物吃,以至于君子国人的身上都有一种花草的芬芳。

君子国的人非常谦让有礼,从来不跟别人发生口角,即便其他国家的人故意来跟他们吵架,他们也会以礼待之,最后大家握手言和。

有一个外来的人不相信君子国的人是真正的君子,于是就故意在大街上丢掉自己的钱,测试一下君子国的人会怎么办。一个君子国的人看到了钱,捡了起来,急忙大声问谁丢的,旁边其他君子国的人都说不是自己丢的。那个君子国的人在原地等了半天,也不见有人来认领,就准备带着钱去报官。这时那个外地人过来说钱是自己丢的,君子国的人就把钱给了他。

那个故意丢钱的外地人,接过钱后教训道:"你怎么问都不问就把钱给我了呢?你这样做也太不负责了,万一这钱不是我丢的,我是来冒领的呢?"

君子国的人一听,急忙点头说:"你说得很对,是我欠考虑了,我们虽然是君子,但是也要防小人啊。这样吧,请你跟我一起去官府,让官府来确认一下。"说完就拉着那个外地人去见官了。

15 在这里你看不见自己的影子

寿麻国

技能：渔猎、种植树木
地域：在极南之地
外貌：跟正常人一样
特点：喜欢种树

> 寿麻国，出自《山海经·大荒西经》，其记载："有寿麻之国。南岳娶州山女，名曰女虔。女虔生季格，季格生寿麻。寿麻正立无景，疾呼无响。爰有大暑，不可以往。"

相传大神南岳出生在极南之地，后来娶了州山氏的女儿为妻，生了一个叫女虔的女儿。女虔结婚后，生了一个儿子叫季格，后来季格又生了一个儿子叫寿麻。

本来寿麻跟其族人在极南之地生活得好好的，但是有一天却突然发生了大地震，山崩地裂，陆地逐渐下沉。寿麻觉得形势不对，赶紧带领家人和族人乘船向北逃亡。

大家逃得匆忙，所带食物也不多，尽管每天都只吃一点点，也坚持不了多长时间。这时，寿麻想了一个办法，让大家将多余的衣服拿出来，将它们结成网，这样就可以一边航行一边捕鱼，可以暂时缓解大家的食物危机。

一路向北，终于看到一大片陆地，寿麻就领大家登陆查看，只见这里条件恶劣，陆地干裂，气候也非常炎热。但他们已经在船上待够了，水和食物也断了好几天，为了活命，所有人们决定暂时在这里安顿下来。

这里的生活环境实在太差了，太阳好像一直悬挂在头顶，正午的时候就是站在阳光下也看不到自己的影子。正午的阳光好像火一样炙烤着大地，简直把人的声音都烧"化"了，你就是大声呼喊也听不到声音。

在这样艰苦的环境下，大家非常想念之前居住的极南之地，于是派人前去探访。很久之后，探访的人回来说他们之前居住的陆地已经不见了，没有及时离开的族人也不知道是死是活。他们还说，从原来的地方到现在这个地方，相比较来说还是这里的环境更好一些。

听了反馈的情况后，大家决定还是住在这里，虽然这里条件也不好，但周围没有大型野兽的袭击，也没有其他部落的骚扰，这一片土地广袤，生活也能过得下去。并且，这段时间，大家对这里的炎热天气已经适应了一些，也觉得不是那么热了。

既然打算在这里定居，他们就决定选一个首领，因为当初是寿麻及时挽救了族人，一路上大家也是依靠寿麻的英勇和智慧才走到这里，所以大家就拥护寿麻当国君，并把族名改成了寿麻国。

寿麻当上了国君后，就带领大家想办法改变目前居住的环境。这里热，那么就种一些树木，尤其是果树，这样既能抵挡一下阳光，还能收获一些水果，简直就是一举两得啊。在寿麻的带领下，寿麻国的居住环境舒适了很多。

为什么在寿麻国正午会看不到自己的影子呢？你觉得寿麻国可能会在什么地方呢？

16 其实树叶也挺好吃的

盈民国

技能：知道多种树叶的吃法
地域：在大荒之南
外貌：跟正常人一样
特点：姓於，吃黄米饭和树叶

盈民国，出自《山海经·大荒南经》，其记载："有盈民之国，於姓，黍食。又有人方食木叶。"

大荒之南有个国家叫盈民国，这里的人都姓於，他们长得跟其他国家的人一样，他们除了喜欢吃黄米饭，还喜欢吃树叶。树叶？是的，你没有看错，盈民国人还吃树叶。不过，不是所有的树叶都能吃，在盈民国只有部分树叶能吃。

在别的国家，春天到了，人们会在地里种上粮食。但是盈民国规定每年除了种粮食外，每人还必须要种一棵树。如果这棵树的叶子可以吃或者能结果，那就种在家附近；如果这棵树的叶子不能食用，也不能结果，那就种在稍远一些的地方。

就这样一年一年种下来，盈民国到处绿树成荫。春天树叶长出来后，人们提着篮子去摘树叶，然后将摘回来的树叶清洗干净，或直接食用，或跟其他食物一起食用，或晾晒后再食用。

因为总吃树叶，盈民国人发现有的树叶放在水中煮后，喝完有提

神的作用；有的树叶可以和黄米一起煮，吃完可以消除肿胀；有的树叶对治疗孩子容易半夜惊醒很有效，还能解决老人有时睡不着觉的问题；有的树叶包裹着糯米煮熟别有一番风味；有的树叶放在食物中一起煮，会增加菜的味道；有的树叶有辣味，加入某些食物，吃起来很美味；有的树叶有种特殊的香味，跟鸡蛋一起煮非常美味；有的树叶是甜的，跟粥一起煮很好吃……

看到树叶有这么多作用，盈民国的人更喜欢吃树叶了。他们不仅将树叶做成各种美食，还将树叶制成各种物品。他们将那些能助人睡眠的树叶包起来，晚上睡觉的时候放在枕头底下，这样人就能整晚安睡；将那些能提神的树叶晒干，等到想要提神的时候再拿出来用水煮开，喝上一碗就能神清气爽一整天。

至于那些能存放的树叶，如果有多的，盈民国的人还会拿到集市上跟别人换取一些自己需要的东西。没想到其他国家的人用过这些树叶后都还想要，纷纷带着自己多余的东西过来交换。盈民国的人就让其他国家的人用树苗来交换，这样他们又发现了很多好吃的树叶，又发现很多树叶的不同吃法。盈民国人依靠树叶，过得非常幸福。

你知道哪些树叶是可以吃的吗？你有没有吃过什么树叶呢？是怎么做的呢？

17 有时连树皮都没得穿
肃慎国

技能：擅长射箭
地域：在白民国的北边
外貌：跟正常人一样
特点：喜欢将动物皮毛裹在身上御寒

> 肃慎国，出自《山海经·海外西经》，其记载："肃慎之国在白民北。有树名曰雒棠，圣人代立，于此取衣。"

在白民国的北边有个国家叫作肃慎国。肃慎国的气候不太好，物产也不丰富，很多动物、植物都没有。跟其他地方的人比，这个地方的人过得比较辛苦，不仅吃不太饱，就是穿也穿不暖。一般情况下，天气暖和的时候，肃慎国人就光着身体，仅仅采一些树叶挂在腰间。

肃慎国既不适合种植棉花、亚麻，也不适合养蚕，所以很多人甚至连衣服都没有。还好他们擅长射箭，并且臂力很大，能拉开四尺多

长的弓，几乎个个都是射箭能手。他们将青色的石头磨尖，然后将尖尖的石头安装在树枝做成的箭杆上，就能射杀野兽。不过虽然他们的射箭技术了得，但是这里的野兽却不多，所以能射到的野兽也不多。

如果有幸射到了动物，他们就将动物的皮毛晒干，好好保存起来，留着天冷的时候穿在身上。如果没有猎到动物，冬天的时候，他们就将猪皮、牛皮等裹在身上御寒。有的国人连这些也没有，就在身上涂一层厚厚的油脂，并尽量躲在洞穴里不出去，以此抵御冬天的寒风。

为了不在冬天被冻死，那些什么都没有的肃慎国人冬天就会挤在一起，实在太冷的时候就会生火，让火给大家带来温暖。依靠这种方式，肃慎国人挨过了一个个寒冬。

不过，肃慎国人还有另外一种方法保暖，那就是等圣明天子在中原地区出现的时候，找到一种叫作雒棠的树，这种树具有"应德而生"的神力。这是什么意思？这种树很奇怪，平时不长树皮，只有中原地区出现圣明天子的时候，才会长出一层柔软又坚韧的树皮，这时肃慎国人就可以将雒棠树的树皮剥下来当衣服穿。用这种树皮做成的衣服既舒服又保暖，最主要的是这种方式也不影响雒棠树的生长，等到中原地区又有圣明天子出现时，它又会重新长出树皮供人割取。

只是圣明天子不常有，有时几十年、几百年也出现不了一个，所以在肃慎国如何保暖一直是让他们头疼的问题。

18 蜮，亦我们所爱也

蜮民国

技能：善于用箭射杀蜮
地域：在大荒南边蜮山附近
外貌：跟正常人一样
特点：姓桑，除了吃黄米饭外，还喜欢吃蜮

> 蜮民国，出自《山海经·大荒南经》，其记载："有蜮山者，有蜮民之国，桑姓，食黍，射蜮是食。有人方扞（yū）弓射黄蛇，名曰蜮人。"

在大荒南边有座山叫蜮山，蜮山附近有个国家叫蜮民国。蜮民国的人都姓桑，长得也不奇怪，跟大多数人一样，不过他们吃得有些奇怪，除了吃黄米饭外，还喜欢吃蜮。

可能你会问，吃蜮怎么了？如果你知道蜮是什么的话，可能就不会这样说了。

你听说过"鬼蜮世界"吗？知道这个词语是用来形容凶险之地的吧？将蜮跟鬼并列，可知蜮是多么危险的存在了。

还有，你知道"含沙射影"这个成语吧？它比喻在暗中攻击或陷害人，其实这个成语的由来就是"蜮"这种怪物。

传说蜮是一种害人的动物，也叫短狐、水狐、水弩、射工。它的外形看起来像鳖，后背有一个硬硬的壳，喜欢生活在水中，不过只有三只脚。

蜮的口中长有一条横肉，这条横肉就像弓弩一样可以射击。它的嘴里经常含有一些沙子，听觉也很灵敏，通过声音就能判断出人具体

的方位，当听到有人在自己身边经过时，就将口中含的沙子射出。

因为蜮身上有毒，被沙子射中的人就会生疮，并且无药可救，最后全身溃烂而死。即便没有被射中身体，只要被射中影子，人也会生病而死。你现在知道蜮有多么毒了吧？就是这样毒的怪物，蜮民国的人居然把它当作一道美味，这是一个多么神奇的国度！

这样灵敏又含有毒的怪物，蜮民国的人是怎样抓住的呢？蜮民国的人善射，当然是用箭去射杀蜮。在蜮民国有人专门以射杀蜮和黄蛇为生，被称为蜮人。

除了用箭射杀外，人们还可以用烧烫的石头去投掷，将蜮烫死；或者出门的时候带着一只大鹅，因为据说蜮非常害怕大鹅——"鹅能食之"；当然也可以通过敲打瓦制的鼓来驱赶，以免蜮伤害到人；如果担心在水边一不小心被蜮射到影子，那经过水边的时候，可以先将石头投入水中，让水变混浊，然后再快速通过，这样蜮就看不见人的

影子,也就无从下口了。

如果害怕被蝛咬到,外出时携带用雄黄和大蒜制成的药丸,当不幸被蝛射中生疮之际,赶紧将这个药丸涂抹在疮口上面,就可痊愈了。你也可以在冬天趁蝛蛰伏,主动去寻找蝛,据说"此虫所在,其雪不积留,气起如灼蒸",如果找到了就将其挖出来,然后阴干,研成粉末,夏天随身带着,这样你就不会被蝛伤害了。

知道了这些预防、治疗的措施,再走在水边,你就不害怕蝛了吧。

中篇

千奇百怪的异人国家

19 我们用翅膀当拐杖

讙头国

技能：擅长捕鱼
地域：在羽民国的东南方
外貌：长着鸟一样的尖嘴，像企鹅一样生着双翼
特点：喜欢生吃海鲜

> 讙头国，出自《山海经·大荒南经》，其记载："有人焉，鸟喙，有翼，方捕鱼于海。大荒之中，有人名曰䲣（huān）头。鲧妻士敬，士敬子曰炎融，生䲣头。䲣头人面鸟喙，有翼，食海中鱼，杖翼而行。维宜芑（qǐ）、苣（qǔ）、穋（lù）、杨是食。有䲣头之国。"《山海经·海外南经》记载："讙头国在其南，其为人人面有翼，鸟喙，方捕鱼。""讙头国"又可简称为"讙国""讙头"。

相传，在羽民国的东南方向有一个国家名叫"讙头国"，"讙头国"又叫"讙朱国"或"丹朱国"。这个国家的成立，与尧帝的儿子丹朱密切相关。

原来，尧帝的儿子丹朱因为反对父亲而遭到流放。其间，丹朱几次造反都未能成功。后来，心灰意冷的丹朱决定跳海自杀，而丹朱的子孙后代则在东方南海附近繁衍成了一个国家，这个国家就是讙头国。

大禹治水时曾路过讙头国，这里的国人看上去就像企鹅一般生着双翼，但这对翅膀却无法飞翔，只能当作拐杖使用。而且，讙头国人长着鸟一般的尖嘴，以捕鱼为生。大禹一众经常能看到讙头国人在海边排着队觅食，每当看到鱼、虾、贝类时，他们就会用长长的鸟嘴将这些海鲜生吞掉。

其实，罐头国人除了长相特殊且喜欢生吃海鲜外，其他习性与普通人类并无二致。他们用人类的语言交流，也种植、食用五谷杂粮。但是，罐头国人的鸟嘴构造，让他们无法像普通人类一样吃东西，他们只能吃搓成条状或颗粒状的食物，如果吃流质食物、粉状食物和碎屑状的食物，这些食物就会从嘴边漏下去。

不过，凡事有弊必有利，讙头国人的鸟嘴在捕猎方面是非常有优势的。"讙头国"的"讙"其实是一种野兽，这种野兽本身就是捕猎的高手，它可以发出各种动物的呼声，当动物循声前来时，讙就会从草丛中蹿出来，用自己锋利的牙齿将猎物解决掉。

讙头国人虽然没有讙的"语言天赋"，但他们也同样擅长捕猎，尤其擅长用鸟嘴捕捉海中的海马与海龙。别看讙头国人外表温驯奇特，但他们却是充满野性且凶悍乖戾的民族。

讙头国人的身高在一米五到两米间，且十分擅长协同作战，他们在捕猎后会一同进食，也会将一部分猎物储存起来，或当粮食储备，或卖给外地商人。很多药商与珍兽贩子都喜欢与讙头国人做生意，以金钱换取海马、海龙等高级海洋生物。

据说，大禹一行人在经过讙头国时，与当地居民相处得相当不错，一些讙头国人还将自己捕到的猎物分出一部分赠予大禹。可以说，讙头国人也为大禹治水做出了一定的贡献。

20 你知道我们为什么要让竹竿穿胸而过吗?

贯胸国

技能：擅长格斗、不易被杀死
地域：载国的东边
外貌：胸前有洞
特点：以胸前的孔洞为荣

> 贯胸国，出自《山海经·海外南经》，其记载："贯匈国在其东，其为人匈有窍。一曰在载国东。"这里的"匈"就是"胸"，贯胸国的人也被称作"贯胸人""穿胸人""穿胸民"等。

很久很久以前，在遥远的东方有一个神秘的国家，名叫"贯胸国"。这里的国民十分奇怪，每个人的胸前都有一个孔洞，但是他们却丝毫不以为意，反而生活得逍遥自在。

在上古时期，贯胸国人被看作天生的战士，他们也有着"好战"的名声。但其实贯胸国人并不是一个好战的民族，只是他们在对战时有一定的优势。

因为他们的胸前有孔洞，敌人无法用常规的"一剑刺胸"来杀死他们。所以，很多国家都愿意雇用贯胸国人打仗。

走在贯胸国的大街上，人们还能看到这样的奇观——两个人一前一后地挑着竹竿，竹竿中间穿着一个赤裸上身的人，这个赤裸的人就这样被人抬着走。

如果人们是第一次看到这样的奇观，那他们一定会误会中间的人是罪犯。但事实上，中间这个没穿衣服的人的地位是很高的。在贯胸国，只有地位尊贵的人才能脱掉衣服，由两个地位卑微的人用竹竿抬着走，这也是贯胸国独有的风俗。

而且，贯胸国人还很喜欢互相攀比胸前孔洞的大小。当地人们普遍认为，胸前孔洞大的人要比孔洞小的人勇敢，而胸前没有孔洞的普通人，则没有贯胸国人骁勇善战。

为了让自己胸前的孔洞变大，不少贯胸国人都会悄悄用铁杵、铁棍、竹竿等物穿胸而过，以求让自己的孔洞稍微扩大一些。而贯胸国的"勇士"们，尽管功夫不算上佳，但孔洞一定是全国最大的，这也算是一个奇怪的民俗。

在这样的民俗下，外地人就很好判断当地人的身份地位了。那些胸前孔洞大的人，不是贵族就是勇士，而那些胸前孔洞小的人就是普通民众。

21 你说三个脑袋会吵架吗?
三首国

技能：比正常人能吃
地域：在寿华泽的东边
外貌：一个身体上长三个脑袋
特点：以黄米为食

> 三首国，出自《山海经·海外南经》，其记载："三首国在其东，其为人一身三首。一曰在凿齿东。"《山海经·海内西经》记载："服常树，其上有三头人，伺琅玕树。""琅玕树"是昆仑山上的一种奇树，三首人便是琅玕树的看守人。

提到"三头六臂"，相信人们首先想到的就是哪吒。哪吒有三个脑袋、六条胳膊，神通广大，是天界有名的高手。可是，拥有三个脑袋的天神却不止哪吒一位，有一位名叫离朱的天神也有三个脑袋和六只眼睛。

远古时期，昆仑山上有一棵名叫琅玕树的奇特神树，琅玕树上生长着散发珍珠光泽的美玉，凤鸟最喜欢啄食这种美玉。为此，黄帝便派离朱日夜守候，离朱的六只眼睛正好可以轮流看护琅玕树。

另外，在寿华泽的东边还有一个名叫"三首国"的国家，这个国家的国民都像离朱一样，长着三个头颅。

据说，三首国人是天神离朱的后代，只不过他们并没有继承离朱的神力，只继承了离朱的三个头颅。而且，三首国人的三个头颅上的五官其实是相通的。当他们呼吸时，氧气会供三个头颅一同使用；当他们用眼睛看东西时，看到的则是三个头颅的视角；当他们用嘴吃东西时，其他两个头颅也不会感到馋和饥饿。所以，虽然三首国人有三个头颅，但这三个头颅并不会相互吵架。

但是，三首国人还是遇到了很多问题，比如"吃喝"就是三首国人要面对的难题之一。我们都知道，大脑的消耗是很大的，这种消耗远超过身体的其他部分。为了补充能量，三首国人必须每天摄入很多食物。

可是，即便他们每天不停地吃，也很难摄取足够满足身体需要的能量。有时候，三首国人躺累了，打算出去走走，可是刚坐起来不久，他们就又感觉腹中饥饿了。所以，三首国人看上去都是"好吃懒做"的样子。

为了彻底解决食物不足的问题，三首国人开始减少头脑的消耗，凡事能不动脑子就不动，能不干活儿就不干，很快，三首国的国力开始衰退，周边国家也纷纷打起"侵吞三首国"的主意。

不过，三首国人并没有表现出太多"抵抗外敌"的态度，因为抵抗外敌太消耗体力了。就这样，三首国人在外国的侵略下，慢慢销声匿迹了。

22 你以为只有哪吒有六臂吗?
三身国

技能：能使唤豹子、老虎、狗熊、人熊四种野兽
地域：在夏后启所在之地的北边
外貌：一个脑袋，三个身体
特点：姚姓，以黄米为食

三身国，出自《山海经·海外西经》，其记载："三身国在夏后启北，一首而三身。"《山海经·大荒南经》记载："大荒之中，有不庭之山，荣水穷焉，有人三身。帝俊妻娥皇，生此三身之国。""帝俊"便是"帝舜"。

若说三首国人相貌奇特，那有个地方的国民比三首国人更加奇特，他们便是"三身国"的国民。"三身国"顾名思义，就是这个国家的国民都是一个脑袋、三个身体。有趣的是，三身国人全员都姓"姚"，说到这里，我们就不得不提上一嘴。

现今我们知道的关于三身国的记载，便是帝俊有三个妻子，分别是娥皇、羲和、常羲，其中，娥皇生了三身国的先祖。而我们更为熟知的娥皇、女英是帝尧的两个女儿，帝尧将她们许配给虞舜姚重华做妻子，也就是后来的帝舜。

两个人都叫"娥皇"，重名也无可厚非的，但有些观点则指出，帝俊与帝舜为同一人，其支撑依据有三：第一，名字的音变，有观点认为"帝俊"之名因音变而成为"帝舜"，王国维在《殷卜辞中所见先公先王考》中提出，"夋（qūn）"是"帝俊"的本名，因形讹而成"夔"，进而演变为"舜"；第二，帝俊和帝舜在神话故事中的角

色和事迹有相似之处，例如，《山海经》中提到帝俊生了后稷，而帝舜也有类似的后代，另外，三身国全员都姓"姚"，而帝舜出生在姚墟，因此后世子孙以姚为姓，这也是我们所熟知的；第三，在商周文化变迁中，帝俊的形象逐渐与其他神话人物融合。帝俊作为商族的始祖神，其地位在周朝建立后可能通过音变和故事转换，以帝舜的形式继续存在于文化记忆中。

综上所述，帝俊和帝舜是否为同一人尚无定论，但有一点我们知道，随着周王朝取代商，东夷部落也从最初的统治阶层变为被统治阶层，但东夷部落仍然是个强大的部族，因不堪周王朝的压制，被迫四散迁徙，其中，帝俊和娥皇的后人们便逃到了大荒西面，建立了三身国。

23　即便只有一条胳膊，我们也能生活

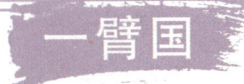

技能：会单手干活儿
地域：在三身国的北边
外貌：只有普通人一半的身体
特点：像比目鱼一样，要两两并肩连在一起

　　一臂国，出自《山海经·海外西经》，其记载："一臂国在其北，一臂、一目、一鼻孔。有黄马虎文，一目而一手。"这句话的意思是说"一臂国"在"三身国"的北边。

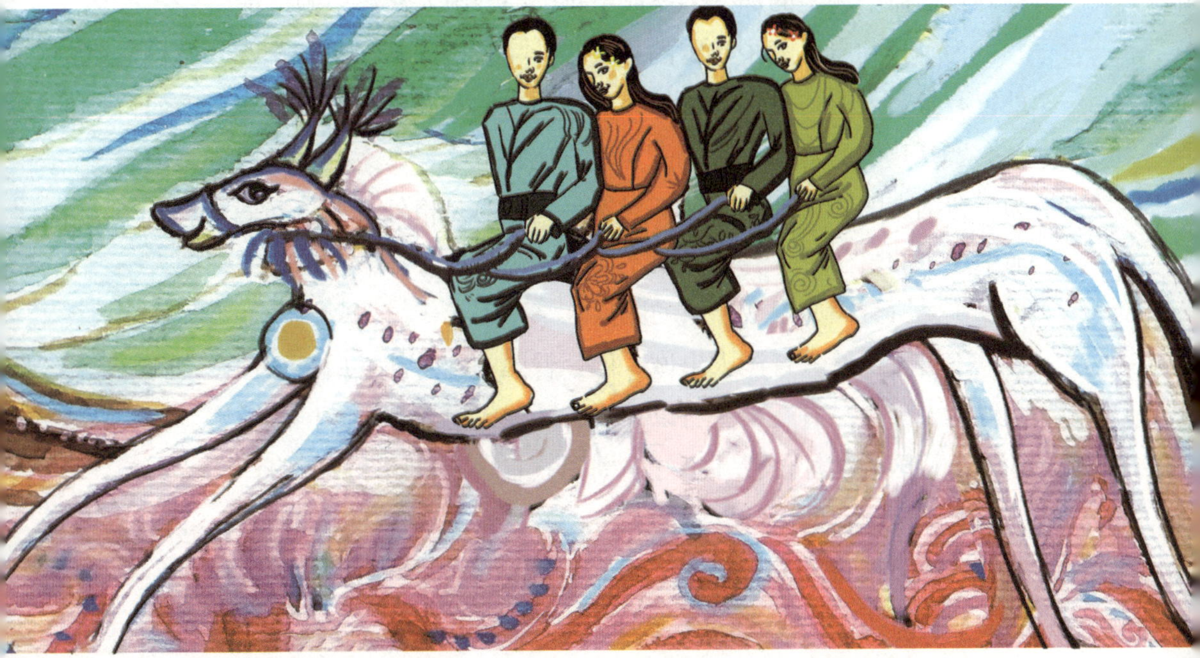

上古时期有许多奇人异事，有些国家的国民"三首一身"，有些国家的国民"一首三身"，而有些国家的国民则天生只有一半。这个国民天生只有一半身子的国家，便是"一臂国"了。

"一臂国"在"三身国"的北边，这里的国民全员都只有一半身体。如果外地人走在大街上，一定会被眼前的景象惊住，因为眼前的一臂国人都只有一条手臂、一条腿，脸上也只有一只眼睛、一只耳朵、一条眉毛、半个鼻子和一个鼻孔。不过，好在他们有整张嘴，不然说话和吃饭也会成问题。

在外地人看来，一臂国人是非常可怜且骇人的民族，而且生活非常不方便。但是，一臂国的国民却不这么认为。虽然他们只有一条手臂、一条腿，但他们可以用单手干活儿，平时出行也可以单脚跳着走。

不过，一臂国人虽然不觉得自己的身体会造成生活困难，但他们也有自己的烦恼。原来，一臂国人就像比目鱼、比翼鸟一般，需要二人并肩连在一起才能正常行走。如果两个人配合不默契，性格不适合，长相差异大，那连在一起行走比自己独立行走更加痛苦。所以，找到自己命中注定的那一半就成了每个一臂国人最渴望的事情。

为了找到自己命中注定的另一半，一臂国人从出生那刻起，就格外留心身边人的一举一动，每当遇到与自己相貌相似的另一半，他们就会展开热烈的追求，希望能与对方比翼双飞，举案齐眉。或许是因为一臂国人的先天外形，他们对待另一半总是格外真诚，当遇到自己命中注定的另一半人，他们就不会再生出其他心思。所以，一臂国人可以说是所有民族中最忠诚的民族。

不过，虽然一臂国人忠诚，但一臂国的国力却发展得很慢。因为一臂国人天生只有一半，所以很少有外地人愿意和一臂国人通婚。再加上一臂国的地理位置并不好，周围只有"三首国""三身国""奇肱国"等国家，所以一臂国的经济、科技发展也很慢。即便有人经过这里，也会很快离去。久而久之，一臂国便成了一个如"世外桃源"般的存在。

24 你猜我们的一只眼睛长在哪里
一目国

技能：会种植黍
地域：在钟山山神烛阴的东边
外貌：只有一只眼睛，长在脸中间
特点：食黍

一目国，出自《山海经·海外北经》，其记载："一目国在其东，一目中其面而居。"《山海经·大荒北经》记载："有人一目，当面中生。一曰是威姓，少昊之子，食黍。"

传说很久很久以前，有一个叫"一目国"的国家，这个国家的扩张性很强，最喜欢侵略其他国家。而且，他们会将种植黍的技术带到被侵略的国家，并且亲自教当地人种植黍。

相传，一目国人是天帝少昊的遗民。少昊是黄帝长子，其母亲为嫘（léi）祖，少昊也是五帝之一。有神之血缘的优势，一目国人天生力大无穷，而且，他们也非常喜欢吃黍。就连出土的岩画中，也画着一目国人手拿黍的形象。

在侵略别国之前，一目国人会先进行盛大的黍祭祀，人们会将黍做成各种美味佳肴，先供奉祖先少昊，然后再一同分食掉。祭祀完毕后，一目国人会携带武器和黍种作战。在击溃对方国家后，他们便会拿出黍种，与当地人一同种植黍。

虽然一目国人的本意并不是传播黍种，但他们的行为却让周围不懂得黍种种植的国家获得了新的技术，这也进一步促进了远古国家和民族的大融合。

一目国人的"一目"生长在其面部的正中央,宛如一颗巨大的明珠。据说,一目国人中间的明目可以辨忠奸、分善恶、区人鬼,所以一目国人大多比较正直,邪魔凶兽也不敢入侵一目国。

而且,一目国人面部正中央的明目,据说可以与天界相通,因此一目国的祭祀文化与巫术文化都很发达。周围国家十分羡慕一目国人能通神的本领,于是经常花重金请求一目国人帮助自己国家与天界取得联系。还有一部分渴求长生不老的人,也愿意出重金请求一目国人帮助自己达成心愿。

人类学家认为,一目国的"一目"其实是当地部族的一种风俗习惯。他们会在孩子还小的时候,用刀割开孩子的额头,并在孩子的额头上镶嵌一颗明珠。这样一来,外人从远处看他们,就会觉得他们只有一只眼睛了。

所以,一目国的"一目"很有可能并非指一只眼睛,而是指一种习俗。

25 你知道我的脚是怎么长的吗？
柔利国

技能：会单腿走路
地域：在一目国的东边
外貌：只有一只手和一只脚
特点：手心、脚心都朝上

> 柔利国，出自《山海经·海外北经》，其记载："柔利国在一目东，为人一手一足，反膝，曲足居上。一云留利之国，人足反折。"

在一目国的东边，有这样一个神奇的国家——这里的国民都只有一只手和一只脚。普通人的手心朝下，手背朝上，脚心朝下，脚背朝

上；而柔利国的人则是手心朝上，手背朝下，脚心朝上，脚背朝下。这个神奇的国家的名字，就是"柔利国"。

柔利国人的骨骼与普通人相反，看上去十分奇特。不过，对于柔利国人来说，手脚与常人相反并不碍事，相反，他们觉得自己才是正常的，手心和脚心朝下的人才是奇怪的。

由于柔利国人脚背朝下，所以普通鞋子他们穿不上。而且，柔利国人也不喜欢穿鞋子，他们最喜欢赤脚走在街上，所以，柔利国的街道都铺了一层薄薄的沙土。这些沙土细腻柔软，即便赤脚走上去，人们也不觉得冷或者烫。

外地人如果走在柔利国的大街上，便能看到柔利国人都是赤裸单足、单手举筐的样子。因为柔利国人手心朝上，所以他们不方便提着东西走。为了多拿一些东西，他们每家每户都有大小不一的筐。每当需要盛放东西时，他们便将东西放在筐中，然后用手托举着走。

因为柔利国人常年使用手臂托举东西，又常年使用单脚跳着走，所以他们的肢体十分发达。很多外国勇士来柔利国后，都会惊诧于当

地人发达的肢体。

不少人认为,柔利国的名字柔婉,所以他们的国民也是柔弱内向的。但事实上,柔利国人是非常强壮乐观的,他们从来不觉得自己先天条件差。不过,事无绝对,柔利国也有一些人意识到自己的体型非常特殊,于是,这部分柔利国人便主动远赴海外,靠表演杂技换取金钱。

出于猎奇心理,海外的人们觉得柔利国人相貌奇特,所以非常喜欢柔利国人的表演。渐渐地,柔利国的杂技越来越出名,他们也靠表演赚取了大量金钱。

后来,有很多富商、官员都慕名前来柔利国观赏杂技表演,他们每次都能留下大量奇珍异宝用作打赏。所以,柔利国又被人们称作留利国,意思是前来观赏表演的人会留下大量金钱,而柔利国的国力也因此获得了发展。

时至今日,仍然有不少杂技演员苦练基本功,目的就是让自己筋骨柔软,从而能像柔利国人一样靠表演发家致富。

26 科技发达的远古国家

奇肱（jī gōng）国

技能： 擅长制作精巧的机械，比如风车
地域： 在一臂国的北边
外貌： 有一只手、三只眼睛
特点： 喜欢驯养、乘坐一种有虎纹的马

> 奇肱国，出自《山海经·海外西经》，其记载："三身国在夏后启北，一首而三身。一臂国在其北，一臂、一目、一鼻孔。有黄马虎文，一目而一手。奇肱之国在其北，其人一臂三目，有阴有阳，乘文马。有鸟焉，两头，赤黄色，在其旁。""奇肱国"又被称作"鱼人国""夜郎国"。

在一臂国的北边，有一个神奇的国家叫"奇肱国"。从外貌上看，奇肱国人与一臂国人相差无几，他们都是只有一只手。不过，一臂国人只有一只眼睛和一个鼻孔，奇肱国的人却是有三只眼睛。

原来，奇肱国人与一臂国人血脉相连，是同种不同族的兄弟，所以他们的外貌与装束都相差不大。而且，与一臂国人一样，奇肱国人也喜欢驯养并乘坐一种带有虎纹的马。

奇肱国人是天神遗留在人间的子民，所以也有自己独特的神力。奇肱国人的眼睛是分阴阳的，他们的双目为阳，中间的眼睛为阴。他们的阴眼并不能看见鬼神，但却可以让他们即便在睡梦中，也有一只眼睛用来阅读资料，钻研技术。所以，奇肱国的技术十分发达，这种技术也让所有其他国家望尘莫及。

由于奇肱国地势高低不平，所以奇肱国人在山坡上建造了很多

小型风车。这里的风常年强劲，奇肱国人也利用风能发展本国机械。技术发达的奇肱国尤其擅长制造飞船与飞车，这些飞船与飞车极大地方便了奇肱国人的生活。有些外来使臣很羡慕奇肱国人能制造飞船和飞车，便请求奇肱国王将制造技术教授给他们。然而，其他国家并没有奇肱国这样便利的风能条件，所以，即便他们回去造出了飞船和飞车，也只能当作摆设罢了，毫无实际用途。

当然，奇肱国人也有头痛的事情。他们脑中奇思妙想很多，为了将脑中想法付诸实践，他们经常造出预料之外的作品，这些作品通常很危险，他们也因此困扰不已。

奇肱国人技术虽然发达，但他们却十分谦虚。他们将自己的科技成果归功于自己的"阴眼"，认为自己是靠阴眼才能获得如此技术的。但其实，他们的阴眼并不能让他们窥破天机，他们只是比普通人多了一些钻研科技的时间罢了。

不过，周围国家的人却也相信奇肱国人自谦的话，认为自己国家的国力衰微是因为他们没有像奇肱国人一样生出三只眼。所以，周围国家大部分处在自怨自艾的状态下，也没有哪个国家愿意号召国民发展科技。

据说，奇肱国因为技术发展得太快，已经不屑与其他国家并存在蛮荒大地之上了。所以，他们便造出了许多能飞往外太空的飞船，举国去外星球定居了。

27 没有肠子会怎样？
无肠国

技能：能循环使用食物
地域：在深目国的东面
外貌：个子高，腹内却没有肠子
特点：不停地吃东西

> 无肠国，出自《山海经·海外北经》，其记载："无肠之国在深目东，其为人长而无肠。"《山海经·大荒北经》记载："又有无肠之国，是任姓，无继子，食鱼。"

在深目国的东面，有一个相当奇怪的国家。这个国家的人又瘦又高，身材纤长，但是，他们却缺少了人体的一大器官——肠子。因为这里的人都没有肠子，所以这个国家又被称作"无肠国"。

无肠国的所有国民都姓"任"，他们都是无继国人的后代。无肠国的人没有肠子，所以他们排出来的食物总是呈残渣状。时间长了，无肠国的人觉得有些浪费，所以他们就不再咀嚼，将食物整个儿吃掉，等食物完整排出来后，他们还可以再吃一顿。

在所有食物中，无肠国的人最喜欢吃鱼。可是，鱼的保质期很短，等第二天排出来后，这条鱼也就不能再次食用了。所以，在无肠国里，只有那些地位尊贵的人才能享受到鱼，至于地位低微的平民百姓，他们只能吃些保质期长的东西。

好在无肠国有种很神奇的土，这种土富含营养，就是口感实在太差。不过，因为能反复食用，这种土就成了无肠国老百姓最常见的吃食。如果外地人来无肠国，就有可能看到当地人购买土、食用土的场

景。而且，无肠国是没有厨房和厕所的。他们的食物被排出来后，还要作为食物继续吃，所以也就没有修厕所的必要了。因此，对于外地人来说，"上厕所"就成了一个大问题。

无肠国的食物资源可以反复利用，所以可以用"取之不尽，用之不竭"来形容。在这里，无肠国人的一份食物能吃十天半个月，所以，大部分无肠国人还是不愁吃喝的。不过，无肠国人虽然不愁吃喝，但这里等级制度严格，好东西都是要献给最尊贵的人食用的，无肠国的老百姓只能靠吃土为生，还是比较悲惨的。

无肠国没有什么特产，也没有什么发展得好的产业。最重要的是，周围没有任何一个国家愿意购买无肠国人的食物，因为谁也拿不准这个食物究竟是新鲜的，还是已经被无肠国人消化过一遍的。而且，因为无肠国没有厕所，所以很少有外地人愿意来无肠国常住。

因为这些原因，无肠国人几乎与其他国家脱节了。不过，他们并不会为此苦恼，在他们看来，没有肠子、可以吃土是件幸运的事。跟温饱相比，能不能与其他的国家进行外交也就不那么重要了。

28 你在流沙中住过吗？

淳(guó)端国

技能：能在流沙中生存
地域：在昆仑山东南面
外貌：脚掌和耳朵都很大
特点：以小动物为食

> 淳端国，出自《山海经·海内东经》，其记载："国在流沙中者淳端、玺晪（xǐ huàn），在昆仑虚东南。一曰海内之郡，不为郡县，在流沙中。"

相传很久很久以前，东夷部落里有一位叫"栀厄"的能人，奉命前往昆仑山的东南面，与当地的国家进行邦交。

栀厄等人奉命前往昆仑山的东南面时路过一片流沙地，这片流沙陷落速度很快，还未等栀厄反应过来，他的两位同伴就陷入了流沙之中。当时，流沙又被称作"恶魔之泉"，人们陷入其中往往不能逃脱，只能眼睁睁地看着自己和同伴被沙子吞噬。

还未抵达昆仑山东南就先损失了两名同伴，栀厄的心情非常低落。无奈有邦交命令在身，栀厄只好同余下的同伴继续往前走。

没过多久，又有一名同伴陷入流沙之中，好在这片流沙流动速度较慢，且这名同伴比较冷静，所以栀厄勉强将他从流沙中拖了出来。不幸的是，就在栀厄营救同伴时，另一位同伴也陷入流沙中。这名同伴非常恐慌，一直在大力挣扎，想靠猛蹬双腿来减缓陷落速度。谁料，这种猛烈的活动反而让他更快地被流沙吞噬。

看到又有一名同伴在眼前消失，栀厄心痛不已，恍惚间，他便

与之前搭救的同伴一同落入流沙。栀厄不再挣扎，缓缓淹没在流沙之中。

过了许久，栀厄仿佛听到有人喊自己。他睁开双眼，发现之前陷入流沙的同伴们，正一脸兴奋地围着自己。原来，这流沙之下藏着一个国家！

这个国家名叫"埻端国"，埻端国人脚掌奇大，而且生有厚厚的脚垫。他们耳朵也很大，就像两只喇叭一般，能听到很远的声音。虽然这里处在流沙之下，但好在阳光能透过流沙照射下来。由于流沙的保护作用，这里空气湿润，四季如春，是个风景优美、气候宜人的国家。不过，埻端国处在流沙地区，这里的土地无法贮存水分，所以不能种植粮食。为了生存，埻端国人只能靠捕食沙地中的小动物为生。

埻端国人见到栀厄也很高兴，他们带着栀厄一行人觐见了埻端国国王。栀厄也将礼物进献给国王，并表达了友好邦交的愿望。回到部落后，栀厄等人将自己的见闻说给了族人们，族人们啧啧称奇，对埻端国充满了向往。

29 我们住在流沙之外

大夏国

技能：擒龙伏虎、捉拿猛兽
地域：在流沙外
外貌：跟普通人一样
特点：喜欢跟人比拼

> 大夏国，出自《山海经·海内东经》，其记载："国在流沙外者，大夏、竖沙、居繇（yáo）、月支之国。"

今天，当我们说到最勇敢的人时，相信每个人心中浮现的形象都不一样。不过，若在上古时期，一提到"勇士"二字，那每个人心中都会浮现出一个国家——大夏国。

大夏国地处流沙外，与竖沙国、居繇国、月支国等相邻。大夏国的子民认为自己是太阳神东皇太一的遗民，所以他们信奉太阳，在作战时也是骁勇异常。

在远古众国家中，比大夏国富庶的国家有很多，但是却没有哪个国家的人比大夏国勇士更勇敢。为了证明自己的勇敢，大夏国人经常邀请其他国家的勇士前来比拼，也经常游历四方，寻找与自己旗鼓相当的对手。

大夏国有一位最强的勇士，名叫"康"。夏康英勇善战，却骄纵傲慢。一日，夏康应邀去一目国，与一目国的勇士进行比拼。途中，夏康一行人路过一座山，这座山中有很多虎、熊、蛟，危险异常。随行的人提议绕过此山，但夏康不同意，他认为真正的勇士是不应该绕开危险的。

随行之人见夏康一意孤行,便对他说道:"虽然你英勇善战,但此山中猛兽太多,凭你一个凡人是无法抵御的。如果你执意要直穿此山,那我们便就此别过,在山的那头相见吧。"夏康点了点头,同意了随行之人的要求。

夏康进了山,没走几步便遇到了猛虎。面对猛虎,夏康丝毫不惧,他挥动手中的戈,一戈便刺死了猛虎。夏康动手将虎皮剥下后披在身上,继续往前走。

走了没多久,夏康来到一条大河边。河中蛟龙被虎皮上的血腥味惊动,张牙舞爪地冲夏康扑来。夏康一个滚翻,用戈刺穿了蛟龙的肚皮,又将蛟龙皮剥下裹在足上。

傍晚,夏康来到一处洞穴休息,他刚坐下便闻到了一阵腥风。原来,洞穴中有一只残暴无比的巨熊,它闻到虎、蛟的味道后兽性大发,与夏康打在一起。但是夏康实在太过勇猛,很快巨熊便倒在了夏康面前。就这样,夏康打败了所有挑战他的野兽,顺利地翻过了这座大山。

再说夏康的随行之人,他们离开夏康后,绕了三天三夜方来到山的背后。远远地,他们便看见了身披虎皮、脚踏蛟龙皮的夏康。众人围了过来,对神勇的夏康赞叹不已,而大夏国人的勇猛程度也由此可见一斑。

30 我们要排队走

技能：能和上天沟通
地域：在赤水的东面
外貌：腋下有一对翅膀
特点：一个一个排着队走路

> 三苗国，出自《山海经·海外南经》，其记载："三苗国在赤水东，其为人相随。一曰三毛国。"

从谨头国往东，在赤水的东面就是三苗国，有人也将其称为"三毛国"。三苗国的人腋下长着一对翅膀，不过这翅膀不大，只能用来观看，不能用来飞行。

三苗国人走路很奇怪，他们喜欢结伴而行，并且还要一个一个排着队走，看起来非常怪异。

你知道这样一个怪异的国家是怎么建立的吗？据说，上古时代，众邦兴起，三苗就是其中一个部落。随着不断的发展，三苗部落慢慢壮大起来，到了唐尧时期，三苗族已经变成了一个大部落。

作为一个强大部落的首领，三苗族首领的内心也开始膨胀起来，他开始对神灵不再尊敬，对周围的部落也不再友善，动不动就去抢夺其他部落的食物。有的部落气不过，拿出他们之前签订的约定来质问他：为什么不按之前的约定行事？他则无耻道：有本事你直接打回来啊！

不仅如此，对自己的族人，三苗族首领也不再爱惜。他只管自己享乐，不管黎民百姓的死活，有时为了自己的一己之欲，还让族人去攻打其他部落。

有一次，他看到附近一个部落的马挺好，就想据为己有，于是就派三苗族人去攻打对方。族人不愿做这样龌龊的事，于是他就残忍地将反对的人杀掉，以此来逼迫族人去打仗。

三苗族的人简直生活在水深火热之中。他们向上天苦苦祈求，让老天来惩罚这个残忍无德、背信弃义的首领。上天因为闻不到祭祀的馨香，只闻到滥用刑罚留下的血腥味，只听到百姓的怨言，非常愤怒，准备惩罚三苗族的首领。

这时帝尧准备把天下传给有能力的舜，而不是自己的儿子丹朱，但是又担心丹朱不服气、搞破坏，就将他放逐到丹水做诸侯。对于帝尧把天下传给舜而没有传给自己，丹朱很不满，于是他联合三苗族的首领，约定等到舜继位的时候造反。

舜对三苗族首领和丹朱的阴谋早有防备，等他们真的造反时，带领大军，一举击溃了造反大军。最后丹朱溺海而亡，三苗族首领带领心腹逃至南海，并在那里建立了三苗国，继续时不时地骚扰中原地区。后来禹为帝时，对三苗国发动了大规模的进攻，三苗国至此消失在历史的长河中。

31 你见过没有骨头的人吗？
牛黎国

技能： 能翻滚着走路
地域： 在大荒北部
外貌： 没有骨头，不能像普通人那样站立
特点： 爬着走路

> 牛黎国，出自《山海经·大荒北经》，其记载："有牛黎之国。有人无骨，儋（dān）耳之子。""儋耳之子"，是说牛黎国人是儋耳国人的后代，而儋耳国人则是海神禺䝞留在陆地上的遗民。

在大荒北部有一个十分奇特的国家，叫牛黎国。这个国家的国民是儋耳国人的后人，他们体内天生没有骨头。

初次来到牛黎国的人，都会被眼前怪异的景象惊住。由于牛黎国人天生没有骨头，所以他们无法像普通人那样站立行走，只能在地上爬行或翻滚着走，这让他们看上去十分奇特。所以，不少黑心的外地人都会将牛黎国人拐到其他国家进行表演，从中牟取暴利。

与柔利国人不同，牛黎国人天生敏感，他们并不想靠表演赚钱。所以，大部分被迫远离故土，到异国他乡表演的牛黎国人都因水土不服死掉了。

后来，牛黎国决定闭关锁国，还专门发布了"禁止外地人入境"的告示。不过，每年仍有大量牛黎国人被外国人拐走，这也让牛黎国国王十分苦恼。

一日，一位全身长满鳞片的怪人来到牛黎国。牛黎国人看见怪人后，惊恐得纷纷爬开。很快，牛黎国国王就听闻了这件事。他立刻让

人将怪人带到面前,要治怪人的罪。

谁知,怪人来到牛黎国国王面前不慌不忙地说道:"您先别急,我知道,您是儋耳国的后人,而儋耳国又是海神禺虢的后代。牛黎国人没有骨头,是因为你们原本就是应该在海里生活的族群。您闭关锁国,无非是为了让牛黎国人不再被迫背井离乡,既然如此,您为何不干脆将全国人搬到海里居住呢?"

牛黎国国王皱着眉头说道:"我们牛黎国人无骨,也没有鳞片,如何去海里生存呢?"

怪人笑着说道:"您既然是海神禺虢的后代,那就向他祈祷吧,当牛黎国人生出两腮和鳞片后,就可以重新回到海中生活,再也不必靠闭关锁国保护国民的安全了。"

牛黎国国王接受了怪人的建议,每天都向海神禺虢祈祷。不过,牛黎国地处大荒北部,海神禺虢根本没有听见牛黎国国王的祈祷。虽然没有效果,但牛黎国国王仍然供奉海神禺虢,希望有朝一日牛黎国人能够免于苦难,到海中重建国家。

32 我们一起来产卵吧

卵民国

技能：会产卵
地域：在大海之南、成山之中
外貌：跟正常人一样
特点：孩子从卵中孵化出来

> 卵民国，出自《山海经·大荒南经》，其记载："有羽民之国，其民皆生毛羽。有卵民之国，其民皆生卵。"

这个世界很大，奇怪的事情也很多。就拿生孩子来说，在全是男人的丈夫国，大家能从背肋间生出孩子；在只有女性的女子国，大家只要在黄池的泉水中沐浴就能生出孩子；在没有男女之分的无启国，大家虽然不生孩子，但是却能死而复生。不管怎样，各个国家都能在这个世界生存下去。

在大海之南、成山之中，还有一个奇怪的国家，这里的人从外貌上来看跟正常人无异，也是一个脑袋、两条胳膊、两条腿，但是他们却不生孩子只产卵，这里的人都是从卵中孵化出来，这个奇怪的国家就叫卵民国。

卵民国一年四季都温暖如春，雨水也充足，山中长有各种各样的果树。一场雨后，漫山遍野都是各种鲜花，有红的、白的、粉的、黄的等，非常美丽。过了一段时间，果实成熟，山间挂满了果实，有黄色的、红色的、绿色的等，让人眼花缭乱。

卵民国人的胳膊比其他国家的人稍微长一点，但是又没有长臂国人那么长。他们人人都是攀爬能手，很会爬树。他们用长长的胳膊一

荡，就从这棵果树跃到另一棵果树，看看这棵树果实的大小，再看看那棵树果实的颜色，然后再决定摘哪些果实。

卵民国的果树跟别国的不同，别国的果树一年只结一次果，但是卵民国的果树一年四季都结果。卵民国人想吃了，直接到树上摘就行，想想好幸福啊，饿了就去山上摘野果吃就行了，还干什么活儿？

但是，卵民国却没人这么干，他们除了上山摘野果外，还种植五谷杂粮，饲养一些家禽。他们说要营养丰富，这样才能产出大大的卵，才能孵化出聪明健康的宝宝。在卵民国，产卵是由女子完成的，但是女子产完卵后，却由男子来孵化。

女子在产卵之前既要吃五谷杂粮，也要吃水果肉类，这些都是由男子准备，因为孕育卵的过程很痛苦，几乎耗尽了女子的全部体力，她们已经没有力气再去弄吃的了。卵民国女子通常一次只产一颗卵，有时也会产两到三颗，孕育一次卵大约需要五个月，孵化卵也需要五个月。等男子孵卵时，就由女子负责给男子提供食物，男子不能离开卵时间太长，否则卵就孵化不出来。男子坚持孵化五个月后，里面的孩子就会破壳而出，一个小卵民国人就诞生了。

下篇

光怪陆离的兽人国家

33 有羽毛就会飞吗?

羽民国

技能:能够飞翔
地域:离中原很远的南部大荒,成山旁边
外貌:长着人的脑袋,身上布满羽毛
特点:卵生,一夫一妻

> 羽民国,出自《山海经·海外南经》,其记载:"羽民国在其东南,其为人长头,身生羽。一曰在比翼鸟东南,其为人长颊。"《山海经·大荒南经》记载:"有羽民之国,其民皆生毛羽。"

相传,上古时期,在大荒的南部有一个神奇的国家,名叫羽民国。之所以有这样的名称,是因为这里的人们身上都长着羽毛。

羽民国人的臂膀就好像鸟儿的翅膀,头部很长,头发都是白色,他们还长着像鸟喙一样的嘴巴,眼睛是红色的。远远看去就像一只大鸟一样。而且他们的翅膀不只是摆设,还真的可以用来飞翔,只不过不能飞得很高,也飞不远,飞翔只是他们平时猎食或者紧急情况下使用的一种技能。

羽民国位于距离九凝山四万三千里的地方。羽民国人世代在此繁衍生息,与世无争。羽民国的繁衍方式也很特别,他们并不像人一样是胎生的,而是像鸟儿一样是卵生的。他们春天就会男女结合,结成夫妻。妻子生下一颗卵后,便开始安心孵化,丈夫则外出觅食,给妻子带来食物。羽民国人不论男女,都生得非常俊俏,再加上一身靓丽的羽毛,更像仙子一样。他们内心也和外表一样美丽,崇尚忠贞与善良,因此羽民国人实行一夫一妻制,而且对彼此非常忠贞,只要结了

婚,两个人就会相守一辈子,人与人之间也都团结合作,和平相处。

舜帝在统治天下的时候,将天下治理得非常太平。远在几万里外的羽民国也听说了舜帝的功绩,对舜帝非常钦佩。作为中华大地的属国,羽民国为表忠诚和爱戴,决定向舜帝进献礼物,这礼物就是珍贵的火浣布。

在他们生活的地方有一座火焰山,一年到头都在熊熊燃烧,植物、动物皆不能生存,唯独有一种神奇的火鼠在那里生活。这是因为火鼠身上披着一种神奇的皮毛,不怕火烧,在火中只是呈现红色,离开火又变成白色。用火鼠的毛发纺织成的布是一种非常珍贵的布料,可以抵御火烧,被称为火浣布。

这火浣布虽好,可是要抓住火鼠却不容易,这时,羽民国中最擅长飞翔的一位年轻人站出来,表示他愿意去火鼠的巢穴抓来火鼠。大家十分钦佩他的勇气。这位年轻人告别了自己的妻子和还未破壳的蛋宝宝,就独自去了火焰山。他经历了重重困难,终于捉到了最大的一只火鼠,但自己的翅膀也被大火烧伤。正在这时,更多的伙伴赶来,合力将他救出,也带回了火鼠。

等火浣布织成,年轻人的伤也养好了,他便亲自带着这得来不易的礼物去献给舜帝。舜帝十分感动,决定与羽民国世代交好。

34 不要惹我，否则我喷火烧你
厌火国

技能：能吐火
地域：离中原很远的南部大荒
外貌：浑身黝黑，长得像野兽
特点：吃火炭

> 厌火国，出自《山海经·海外南经》，其记载："厌火国在其南，其为人兽身黑色，火出其口中。一曰在讙（huān）朱东。"

上古时期的大荒南部，因为火焰山常年燃烧，出现了一种以火炭为食物的人。他们虽然是人，但外貌更接近于猿猴，眼睛大大的，嘴向外凸出，胳膊长长的，通身的皮肤就像煤炭一样黝黑。这些食用火炭的人组成了一个国家，名叫厌火国。

厌火国人不仅以火炭为食，还会喷火。他们用喷出的火焰将岩石烧得通红滚烫，接着便将石炭吃下，饱餐一顿。厌火国中有个人觉得每天只吃火炭实在是太单调了，早就吃腻了，想着换换口味。可是厌火国人世世代代都只吃这个，别人一听他想吃其他食物，便劝他不要轻易尝试，说不定那不适合他们的身体构造，会出什么问题。

这个人觉得无聊又郁闷，便到处溜达散心，不知不觉走进一片树林。可能是前几天树林遭受过雷击，林中的一棵大树被雷电击中，烧得面目全非，很多地方变成了焦炭。这个厌火国人走近被烧焦的大树，灵敏的鼻子嗅到了树木被炙烤的味道，再看看这被烧成炭一样的树干，他有种想要咬一口的冲动。于是，他便捡起一块木炭放进口中。这一尝感觉松软酥脆，可比石炭好吃多了，于是他大口大口地吃起来。吃饱后，他还躺在树下美美地睡了一觉。醒来后，他觉得自己没有因为吃了新的食物有任何的不适，便掰下一大块木炭，高高兴兴地回到了厌火国中。

这个人将自己的经历讲给其他人听，越来越多的人品尝了他带回来的木炭，于是开始扔掉手中的石炭，纷纷改吃起了木炭。他们也因此都迁移到森林附近去居住了。厌火国的人发现木炭不仅好吃，而且很容易燃烧，所以每次喷火都要避开树木，以免造成火灾。渐渐地，他们熟练掌握了喷火烧木炭的技能，唯一令他们感到担忧的就是森林中生活着其他野兽，为防止被野兽攻击，厌火国的人每晚都要轮流值守。

在厌火国中还生活着一种食火兽，名叫"祸斗"。祸斗本来和厌火国人一起生活，天天吃石炭。忽然有一天祸斗发现厌火国的人都迁走了，它们循着踪迹也来到了森林中，发现厌火国人正在吃一种它们从没见过的东西，似乎非常美味。食火兽也想要更好的食物，于是便攻击厌火国人，抢夺他们的木炭。

许多厌火国的人提议要消灭食火兽，这时候，还是那个发现木炭的人站了出来，因为他发现祸斗只是为了食物，如果能够用食物引诱它们，然后驯服它们，让它们为自己当守卫，岂不是很好？大家都同意了这个方案，于是开始分给食火兽一些木炭。渐渐地，这些祸斗不再惧怕厌火

国人，厌火国人也逐渐驯化了这些祸斗，夜晚睡觉时便由祸斗来为自己看守，他们从此便安宁地生活在一起了。

35 其实我身上的黑毛也很帅
毛民国

技能： 可以驱使野兽
地域： 离中原很远的东方，狄山北面
外貌： 浑身布满坚硬的毛发
特点： 吃黄米

> 毛民国，出自《山海经·海外东经》，其记载："毛民之国在其北，为人身生毛。一曰在玄股北。"《山海经·大荒北经》记载："有毛民之国，依姓，食黍，使四鸟。禹生均国，均国生役采，役采生修鞈（gé），修鞈杀绰（chuò）人。帝念之，潜为之国，是此毛民。"

相传在古代狄山的北面，有一个毛民国。这个国家的人们长相都很怪异，他们浑身上下长满了黑色的毛发，手脚、脸上等没有毛发的地方也全都是黑色，他们身材矮小，不穿衣服，就这样游走在山间。

毛民国的国人懂得驯化驱使野兽，连虎、豹这样的猛兽都听从他们的指令。虽然个子矮小，但是他们身上的毛发异常坚硬，就像刺猬的尖刺一样。这身毛发就是他们的护甲，也是抵御敌人的武器，所以身在山林之中也能自保。

其实毛民国的人最早并不是浑身长满这样的毛刺的，之所以这样，是因为他们和天帝做了约定。

毛民国的国人原本也是普通的人，身上并没有长毛，他们是一个大家族，都姓依，居住在一望无际的平原上。这里的男女老少全都勤劳能干，他们以耕种为主业，春种秋收，主要种植黍这种农作物，吃的食物也是黍做的饭。这个国家的女子还都有一双巧手，擅长纺织，

织出的布料花纹既精美又结实耐用。他们靠着优质的粮食和布匹换回了许多财物。虽然劳作很辛苦，但是每个人都靠自己的劳动赢得了收获，因此靠着种地与纺织倒也生活得美满幸福。

毛民国隔壁是一个不安分的国家，他们不思劳动，却总想靠着抢夺别人的财物生活；他们擅长锻造武器，还用各种动物的皮毛做成铠甲武装自己。他们见依姓人生活得富足快乐，便想要不劳而获抢夺依姓人的粮食和钱物。在一个月黑风高的夜晚，这个国家偷袭了依姓人，他们见人就杀，见到财物就抢，等烧杀抢掠一番后，便扬长而去。

依姓人家园被毁，族人凋零，只有躲藏起来的人幸存了下来。他们面对一无所有的情形，失声痛哭。就在这时，天帝现身，原来他知道了这里发生的事情，特来帮助依姓人。天帝对幸存的依姓人说道："我知道了你们的遭遇，你们不要伤心了，现在我有办法将你们送到一个安全的地方，你们可以世代生活在那里而不被打扰，只是这样做要付出一些代价，你们愿意吗？"

依姓人听了天帝的话，没有过多思考便纷纷点头同意，他们只想安静地生活，因此决定听从天帝的安排。

天帝见状便说："将你们织的布匹披在身上，我将赐予你们一件铠甲。"人们纷纷照做。天帝施了法术，那布匹便化作了满身的坚硬皮毛。"这毛发坚硬无比，既可自保，也可抵御敌人，但是切记不能伤害无辜，记住了吗？"人们纷纷应允。天帝很欣慰，又教给了他们驯化野兽之法。这一切完成后，天帝便再施了法术，一瞬间带他们来到了大荒之北的丛山密林中，自此依姓人便建立了毛民国。

毛民国的人虽然身披坚硬的毛发，还能驱使野兽，但他们却依旧保持了勤劳善良的本性，只用野兽来保护自己不受侵扰，也依旧以黍米为食，始终遵循他们最早养成的习惯。

36 你看我这浑身毛发像什么？

枭(xiāo)阳国

技能：脚趾向后，脚跟向前
地域：在中原南部，北朐国的西面
外貌：浑身黑色，长满毛发，脚跟向前
特点：抓人就笑

> 枭阳国，出自《山海经·海内南经》，其记载："枭阳国在北朐之西，其为人人面长唇，黑身有毛，反踵，见人则笑，左手操管。"其中"踵"的意思是脚后跟。

相传在古代北朐国的西面，有一个国家名叫枭阳国，这个国家全都是长得像野兽的人。他们虽然长着人脸，但是身形高大，皮肤是黑色的，全身覆盖着毛发，嘴中有尖锐的獠牙，还长着一双和人相反的脚，脚趾向后，脚跟向前，因此看起来十分怪异。

这个国家的人十分凶残，猎杀野兽，连其他国家的人类也不放过，一旦遇上其他国家的人，就会抓住他们吃掉。周围的人因此十分恐惧，但是又没有办法对付枭阳国的人。枭阳国的人靠着蛮力占据着山头，而且逐渐扩大地盘，周边的人都苦不堪言。

枭阳国的人四肢发达，头脑简单。他们每次抓到人就十分高兴，他们会面对面地抓着人的两只手，然后仰面大笑，这时候那又长又厚的嘴唇把整个脸都盖住了，他们也不在意，等笑够了，就把"猎物"杀掉。他们依本能去猎杀食物，已经成为一种习性，因此，并没有觉得这有什么问题。

有一个生活在枭阳国旁边国家的人听说了这件事，由于他所在的

国家也深受枭阳国人摧残之苦，因此他想找到枭阳国人的弱点，打击枭阳国人的气势，也为自己国家的人赢得生存的机会。

所以当他知道了枭阳国人抓住猎物后有仰面大笑的习性后，突然心里有了主意。

他找来一根和手臂差不多粗的竹子，将竹子锯成小臂那么长的两节，套在胳膊上，确保那两节竹筒能够不松不紧地套在手臂上，然后又为竹筒缝上了和衣服一样颜色的袋子，这样，竹筒就和衣服融为一体了。最后，他在身上又别了一把匕首，便向着枭阳国出发了。

他刚进到枭阳国人所在的树林中，便听到了一阵管笛声，回头便看见一个半人半兽的枭阳国人站在身后，左手还拿着一个竹管，原来枭阳国人会用这个来引诱其他人。枭阳国人看到送上门的人，十分高兴，便像往常一样上前直接就抓住这人的手臂，这人也不躲闪，枭阳国人根本没有多想，抓住手臂后仰天哈哈大笑，嘴唇都把额头盖住了。这人一看时机来了，便直接从竹筒中抽出双手，接着拔出匕首，直接将枭阳国人的嘴唇钉在了额头上。枭阳国人只知道傻傻地攥着竹筒，还以为抓的是那个人。那人便趁机杀掉了枭阳国人。

此后人们发现了对付枭阳国人的办法，也不再惧怕枭阳国人。枭阳国的人虽然傻傻的，但是也终于意识到自己不能再为所欲为了，于是便退到更远的深山去生活，不再骚扰其他国家的人了。

37 看我的狗头

犬戎国

技能：幻化成狗、骁勇善战
地域：在中原的北部地区，昆仑山东北面
外貌：长着狗一样的脑袋，牙齿尖锐
特点：女子世代侍候男子

> 犬戎国，出自《山海经·海内北经》，其记载："犬封国曰犬戎国，状如犬。有一女子，方跪进杯食。"

上古时期，在昆仑山的东北面有一个犬戎国。之所以叫犬戎国，是因为这里的男人都长着人的身体，但是头部却是狗的模样。女人则不同，全是正常人的样貌，而且都是美女。

犬戎国也叫犬封国，是天帝分封的一个国家，最初是分封给一个叫作盘瓠（hù）的人的。

那是天帝还在人间做皇帝之时的事情，当时天帝名叫帝喾，掌管中原国土，他的皇后名为刘氏，是位贤德的皇后。一天晚上，刘氏正在睡觉，梦见天降一只金狗，要下界托生。待刘皇后醒来，便觉得耳朵里疼痛难忍，随后叫来名医，那医生从刘皇后的耳朵中取出了一只金虫。皇后想起那个梦境，便叫人取来了玉制的盘子，又摘了身边最鲜嫩的瓠叶给这金虫盖上，好生养着。

说来也奇怪，那金虫一天长一寸，最后竟然长到了一丈多长，恰似皇后梦中金狗的模样，帝喾为其取名为盘瓠，每天将其携带在身边。

那时恰好有其他国家攻打中原，为首的国王骁勇善战。帝喾为招

揽天下的能人贤士，便昭告天下：谁能取下藩王的首级，便把自己的三公主嫁给他为妻。盘瓠揭了皇榜前去面见帝喾，说他可以杀死对方的国王。帝喾半信半疑，但是仍然准许了盘瓠的请求。盘瓠趁着那敌国国王喝醉酒之时，进入他的营帐，一下咬断了他的脖子，并把首级带回来献给帝喾。

帝喾十分高兴，因为终于除去了敌人，但是同时又犯了难，他可不想把自己的女儿嫁给盘瓠，三公主是他最疼爱的女儿，貌美无双，皇帝的女儿许配给了一条狗，这传出去可怎么见人！盘瓠看出了帝喾的心思，于是对帝喾说道："我本是天上神仙的坐骑，今帮助陛下除去藩王，功德圆满，请陛下将我放在金钟之内，七天七夜后打开，我就可以化成人形。"

帝喾听后，连忙吩咐人照做。一连六天过去，到了第七天，三公主来到了金钟旁边，金钟内也无丝毫动静。她既好奇这个勇敢的盘瓠是什么样，同时又担心盘瓠会饿死，于是便悄悄打开了金钟，看到盘瓠已经幻化出人的身体，只有头部还没成人形。但是金钟已被打开，盘瓠也再没有机会变化，于是就成了狗首人身的模样。三公主知道自己犯了错误，但是她也佩服盘瓠的勇气，于是便请求帝喾仍将自己许配给盘瓠，并愿意一生侍候他，以弥补自己的过错。

帝喾答应了女儿的请求，并给了他们一块封地，让他们世代在那里生活下去，这就是犬戎国的由来。

犬戎国的后代，男子均为狗首，女子均为美女，而且都是女子恭恭敬敬地侍候男子，那可是三公主一直在为自己赎罪呢。

生活在海中的乐趣
陵鱼国

技能： 拥有美妙的嗓音，会迷惑人
地域： 在中原北部的大海中
外貌： 人脸，鱼身，有手有脚
特点： 生活在海洋中

> 陵鱼国，出自《山海经·海内北经》，其记载："陵鱼人面，手足，鱼身，在海中。"

相传在北方的海洋中生活着一种半人半鱼的异兽，他们全都拥有鱼的身体，但是却长着人脸，而且有手有脚，四肢齐全，这便是陵鱼。陵鱼生活的地方叫作陵鱼国。陵鱼平时生活在水中，擅长游泳，但是也可以钻出水面在礁石上栖息，还可以上岸行走。

陵鱼本来是一个自由的种族，其所生活的海洋也非常美丽，海水清澈，海草茂密，还有各种各样的海洋生物。陵鱼们身为异兽，有智慧有思想，但是他们喜欢和平，从不仗着自己有能力去欺负其他种族。他们在海中每天采摘海草，捕获鱼虾，捡拾贝壳，从不过度捕猎，与周围的生物和谐共处着。

后来海岸边上有了居民，他们以捕鱼为生，因为捕鱼适度，倒也对陵鱼和其他鱼类没什么影响。可随着渔民的增多，需求量也越来越大，渐渐地，他们开始捕捞无度，以前遇到小鱼小虾都会放归，现在不论大小全都捕捞上岸，而且越来越向海洋的深处进行捕捞。

于是，生活在这片海域的许多动物都开始向其他地方迁移。陵鱼也意识到了这个问题的严重性，但是这里是他们的家园，他们很聪

明，知道那些渔民才是后来者，而且是渔民不讲究长远的发展，只看重眼前这一点利益，破坏了生态，所以应该走的不是他们这些一直在此生活的种族，而是那些渔民。

陵鱼决定保护自己的家园，惩治那些贪婪无度的人。陵鱼天生拥有美丽的嗓音，还能幻化成俊男美女，他们想到了一个办法。

他们故意来到渔民不常捕捞的海域，趁着天不亮、光线不明朗的时候，化作人形，坐在礁石上歌唱。这歌声仿佛有一种魔力，所有听到歌声的人都会因为好奇而被吸引过去。等渔民靠近时，才发现下面有暗礁，船只因为触礁无法前行，这一带又没有任何人能救援，所以船上的人只能被困住再也回不去了。陵鱼见到船只搁浅，这才一跃进入水中消失不见，船上的人后悔已经来不及。

时间一长，这里的渔民都知道了海中有一种能够迷惑人的人鱼，遇上他们就再也回不来了，因此十分害怕。从此远一点的海域没人敢去，再加上近海的海域也没有什么收获，渐渐地，渔民们没有了收入，也没有了食物来源，只能陆续迁走。陵鱼十分高兴，因为这片海域又恢复了往日的宁静。

陵鱼们守护了自己的家园，以前的许多海洋动物也都回来了，这片海洋又恢复了往日的生机。陵鱼有时还会跃出水面，坐在礁石上歌唱，但是他们这次唱的都是发自内心的欢乐歌曲。

39 来，我们看谁跑得快

钉灵国

技能： 擅长奔跑，可日行三百里
地域： 在北海之内
外貌： 膝盖以下长着马腿和马蹄
特点： 生活在草原上

> 钉灵国，出自《山海经·海内经》，其记载："有钉灵之国，其民从䣛（xī）以下有毛，马蹄善走。"

相传在北海内有一座大玄山，山下有一个钉灵国。这个国家的人长相奇特，他们上半身和人无异，下半身膝盖以下覆盖着毛发，小腿长得像马腿，脚也是马蹄的样子。

钉灵国人长着马腿和马蹄，也拥有像马一样的速度和耐力，他们跑起来飞快，可日行三百里。这擅长奔跑的特点给钉灵国人带来了许多便利，因为钉灵国人以游牧为生，善于奔跑，就能够到很远的地方放牧，牛羊四处奔跑的时候也能够快速追上。

那钉灵国人是如何拥有这神奇的技能的呢？

钉灵国的人们原来也只是普通的人，只因一次机缘，得到回报才变成了擅长奔跑的人。

钉灵国人生活的地方山清水秀，山上有密林，山脚下有广阔的草原，草原中还点缀着许多天然形成的湖泊，就像一颗颗美丽的珍珠镶嵌在绿草如茵的大地上。

钉灵国人世代以放牧为生，每日骑着马儿在草原上放牧牛羊，生活简单快乐。可是在一次放牧的时候，他们遇上了少见的恶劣天气，狂风暴雨交加，牛羊受到惊吓四处逃窜。钉灵国人中有个正直勇敢的少年，骑着马儿就去追那些受惊的牛羊。虽然他已经尽力，但等雨过天晴，清点后发现还是丢了许多。人们纷纷叹息，那少年也感觉有心无力。

一日，少年照样去放牧，骑着马儿不知不觉来到了一处从未到过的地方。这里生长着一片茂密的树林，少年正要穿过树林的时候，忽见一只野兽叼着一件白色的衣服蹿了过去，少年吓了一跳，开始四处

打量这个地方。

只见穿过树林豁然开朗，眼前出现一片湖泊，湖水湛蓝，映衬着蓝天白云，湖边的草地上开满各色野花，还有蝴蝶翩飞，简直美不胜收。

少年正感叹，却见湖中忽然冒出一个人，是位美丽的少女。少女向湖边游去，却突然神色慌张，接着坐在岸边呜呜哭起来。少年不知怎么回事，便过去询问。起初少女吓了一跳，接着便讲述道：自己是天上的白马仙女，路过此地见风景秀丽便下来游玩，谁知刚刚发现脱在岸边的仙衣不见了，没有了仙衣，她就回不到天上了。

少年一听，联想到刚才自己遇见的事情，便说他知道仙衣在哪儿，于是骑着马儿便奔向刚才的树林，找到野兽的巢穴，拿回了仙衣。那白马仙女见仙衣失而复得，十分感激，便说着要报答少年。少年连忙推辞，但是仙女说一定要报答，否则自己平白欠了少年的恩情，也是要遭到惩罚的，她便问少年有什么愿望。

少年一听这样便说道："我没什么需要报答的，只是希望自己能够像马儿一样自由自在地奔跑，希望我们的牛羊都能平安。"少女说："我可以满足你的愿望。"说着，她便施展法术，少年就长出了马腿和马蹄，跑起来呼呼生风。这便是钉灵国第一位拥有马儿长相的人。此后钉灵国便受到了庇佑，后代都长有马腿和马蹄，他们也成了最善于奔跑的人。

你会两腿交叉走路吗?

交胫国

技能：两腿交叉走路
地域：中原南部，赤水东面
外貌：两腿交叉
特点：一个人不能单独行动

> 交胫国，出自《山海经·海外南经》，其记载："交胫国在其东，其为人交胫。一曰在穿匈东。"

在上古时期，赤水东面有一个名叫交胫国的地方，这里的人们都有一个很奇怪的走路姿势——双腿交叉着走路。原来他们的足骨没有骨节，所以小腿可以左右交叉。交胫国人个子都不高，在四尺左右，身上长毛，因为双腿交叉，所以走路很慢，一不小心摔倒了，只能在地上趴着，直到有人来搀扶才能起来；睡觉时也是，躺下就起不来，需要他人帮忙，所以交胫国人总是坐着。

交胫国人这怪异的交叉走路姿势，让人不理解，行走和生活都不便利，但是他们却无法改变，那是因为他们受到了诅咒，世世代代只能如此。

这里的人们原来并不是小腿交叉的，也是能正常行走的。有一年，交胫国闹旱灾，好几个月都没下一滴雨，眼看着所有的庄稼树木都要枯死，人们都愁坏了。这时国中有个人说，他去过其他国家，也见到那个国家经历了大旱，见过他们怎么解决。

原来那里的人们都信奉巫术，于是便请最德高望重的巫师来求雨。那巫师先是作法祈祷，但是却不奏效，后来巫师对那里的人们解

释说，因为人们的懒惰，不思劳作，所以上天对这片土地降下了惩罚，要让这里大旱三年。人们一听都慌了神，大旱三年，那这里的人肯定都要渴死饿死了，他们连忙问巫师有什么办法可以平息上天的愤怒，解除惩罚。巫师说，有一个办法，但是需要一个人自愿牺牲，盘腿坐在火上焚烧，上天看到诚意便会收回惩罚，再给人们一次机会。

一听到这个办法，人群中议论纷纷，虽然旱灾可怕，但是谁也不愿被火烧啊，于是根本无人愿意站出来。那位巫师见此情景，叹了口气，便说："这里不光有人，还有花草树木，飞禽走兽，能够拯救这些生灵，也是值得的。"于是便走上祭台，成为自愿牺牲的人。老巫师牺牲后，天上真的降下了大雨，那个地方的人们得救了。

交胫国的那个人说完这事，人们也都犯了难，就算知道了方法，交胫国也肯定跟那个国家一样，没人自愿牺牲啊。这时那个人说，既然没人自愿，那就只能想其他办法了。他说了一个计划，其他人听了并不同意，可是一想到旱灾更可怕，便无奈答应了。

他们去山中捉来了一种猿猴，其样貌体态和人十分相似，再穿上衣服，戴上假发，乍一看真的像是一个人。原来他们的计划就是用这种猿猴来代替人进行祭祀。可是怎么才能让猿猴安静地坐在那里呢？他们便把猿猴的腿骨弄折，让它不能站起来，再摆好固定的交叉姿势，便开始了祈祷祭祀。仪式进行过之后，天上就开始雷声轰隆，不一会儿就大雨倾盆。人们高兴极了，纷纷欢呼雀跃。可是不久之后，这里的人们都得了一种怪病：身上开始长毛，腿纷纷交叉，小腿和脚仿佛没有了骨头一样。人们这才意识到他们犯了更大的错误——滥杀和欺骗，因而受到了上天的惩罚。于是这里的人们就被称为交胫人，这里就变成了交胫国。

41 我来自大荒

技能：行动灵活，能够到达非常窄小的地方
地域：在大荒的东部
外貌：身材十分矮小
特点：团结一致，集体行动

> 靖人国，出自《山海经·大荒东经》，其记载："有小人国，名靖人。"

在很久以前，东海之外的大荒之中，月亮和太阳升起的地方，有一个靖人国。那里的人全都身高不足一尺，十分矮小，所以靖人国

也叫作小人国。靖人国的人都是群居生活的,他们懂得团结力量大的道理。

靖人国的人因为生得矮小,因此生活中必须要处处小心,一场大雨可能就会把他们冲走,一阵大风也可能把他们刮走,走路时遇到大鸟他们也要赶紧躲起来,以免被抓走。

可就是这样看似柔弱的靖人国人,却还帮助过比他们强大得多的人呢。

原来在靖人国的旁边还有一个大人国。大人国的人与靖人国的人正好相反,他们生得十分高大,比正常的人还要高出两三尺,而且十分健壮。他们挨着靖人国,一直看不起这群小人,想要把靖人国的地方占了,因此常常骚扰靖人国。

靖人国的人不堪其扰,但是也没有办法,只能躲起来,听见大人国的人的脚步声,他们便会自动躲开,为的是避免冲突。靖人国的人一直想要和平相处,但是大人国的人以为他们胆小怕事,便越发猖狂。

大人国的人的力量来自大地，只要站在大地上他们就拥有无穷的力气。可是人终究要睡觉，一旦他们躺下睡觉，脚离开地面便失去了这种力量，变得虚弱。

一次一个大人国的人追寻一个猎物，追到两国边界处，一不小心踩到荆棘丛中，脚上扎进了许多尖刺。他疼得"哎哟哎哟"直叫，想伸手去拔刺，可是又捏不住那些细小的刺，气得哇哇大叫，却一点办法也没有。眼看天就要黑了，他如果再无法回到家中，那天黑之后便会更加虚弱，可能野兽就会出来袭击他。可是脚上的疼痛又让他不能走路，他越想越害怕，不禁哭了起来。

这时，附近的一群靖人国的人听到了哭声，过来一看，原来是一个巨人脚上扎了尖刺，刺都已经嵌进肉里，他正在十分痛苦地挣扎。靖人国的人一商量，决定帮助这个巨人。他们走近巨人，正想说明来意，可那个巨人已经疼痛得十分暴躁，看到这些靖人更生气，以为是来看他的笑话，气得哇哇直叫。但是他因为脚疼无法站立，只能坐着，所以根本也使不出什么力气。

太阳要下山了，靖人国的人也不跟他解释，直接上去开始给他清除尖刺。他们用随身带的工具一点点剔除那些刺，然后为他包扎。那巨人见靖人是来帮助他的，也就乖乖不动了。终于赶在太阳下山前，靖人取出了最后的尖刺。那巨人试着站立，已经好多了。他感激地看着这群靖人，然后跑回了大人国。

很快，大人国的人们都知道了这个事情，意识到自己以前做得太过分了，便集体诚心诚意来到靖人国请罪。后来两个国家便开始互相帮助，和睦相处，大人国和靖人国一起愉快地生活在这片大地上。

头脑精明难道不好吗?
焦侥国

技能：建造房屋，制作器具
地域：大荒的西南方
外貌：身材矮小
特点：以农耕为主，吃五谷杂粮

> 焦侥国，出自《山海经·大荒南经》，其记载："有小人，名曰焦侥之国，几（jī）姓，嘉谷是食。"

相传在大荒的西南方有一个国家名叫焦侥国，这里的人身材矮小，最高的人都不足三尺，看起来就像四五岁的小孩子。但是他们其实都是成年人，而且个个穿衣戴帽，看起来文质彬彬，讲究文明礼节。

焦侥国的人们和其他地方的人们没什么不同，他们都是以耕种为主，日出而作，日落而息，吃五谷杂粮。

焦侥国的人个个精明能干，心灵手巧，他们会建造房屋，制作精美的器具，还创造了属于自己的文字和语言。

说到语言，这里的人说话方式与其他地方不同，甚至可以说是完全相反。比如一个东西是苦的，他们却会说这是甜的；明明天气很冷，他们却说很热。这样的说话方式只有他们自己国家的人能适应，是他们独特的交流方式，在外人听来感觉云里雾里，摸不着头脑，甚至开始怀疑自己。

一次，一个敌对国家的人来到焦侥国，他一看，就感到十分惊奇："这里的人怎么都这么小呀！"这时，一个焦侥国的人听到了，

便回他一句:"这叫大,不叫小。"这个外国的人听到后低头一看,原来是一个路边卖筐的老人在跟他说话。

他以为老人听错了,便没在意,见老人正在卖手编的器具,便指着一个最小的筐问道:"那个怎么卖啊?"这时那个老人反问道:"你是说这个最大的筐吗?"这个人一愣,以为老人听错了,便拿起了那个最小的筐问道:"这个,这个怎么卖?"老人笑着说道:"我说的就是这个最大的啊!"这个人以为老人老糊涂了,便和旁边一个焦侥国的人说道:"你看这个人,大小都分不清了,还在这儿做买卖呢!"这时那个人回他:"我看是你分不清吧,你拿的明明就是最大的筐啊!"

这时候那个外国的人彻底蒙了,离开了这个摊位继续向前走,一路上他听着有人吆喝:"快来买伞啊,这大下雨天赶快来买伞啊!"这人看了看天,现在明明是晴空万里啊,他感到越来越纳闷。接着又

有两个人从他身边走过,边走边说:"这大冷的天,赶紧回家,冻死人啦!"可是,现在明明是夏天,热得人汗流浃背啊!这个外国人感觉自己都要混乱了,接下来还有卖红花的说自己卖的是绿花,卖黑布的说自己卖的是白布……这个人也不再往里走,直接就返回,在焦侥国他感觉自己就是一个异类!

出了焦侥国,到了自己国家他感到自己又正常了,再也不愿意去那个颠倒的国家了!这时候焦侥国的人正得意呢,他们又用这种独特的方式赶跑了其他国家的人,没人敢来打扰他们的生活啦。

腿很长的话好走路吗?

长股国

技能：步子非常大，能够到很高的地方
地域：离中原很远的西北部，靠着大海
外貌：披散着长头发，长着大长腿
特点：采摘果子和捕鱼为食

> 长股国，出自《山海经·海外西经》，其记载："长股之国在雒（luó）棠北，被发。一曰长脚。"

在大海以外的西北部，靠着海边有一个国家，这个国家的人全都赤裸着上身，不穿衣服，头发也披散下来。单看他们的上半身，与普通人没什么区别，但是再看下半身，简直就不像人，因为他们的大腿都长得奇长无比，甚至能达到三丈长，简直像两根高高的竹竿一样，走起路来一步就能迈得老远。因为这里的人都长着这么长的腿，所以这个国家就被称为长股国。

长股国的人因为腿长，能够看得很远，也能够到许多高处的果实，但是他们有一个最大的烦恼，就是没办法够到地上的东西，因为腿太长，即便弯腰下来，手也离地远得很。

但是随着树上的果实越来越少，他们的食物也越来越少，长股国的人开始饿肚子了。虽然靠着大海，海中也有许多鱼虾和海菜，但是因为腿太长，手根本够不到海中，因此他们只能眼见着许多鱼虾就在脚下却触手不及，只能哀叹。

正在长股国的人民为自己的长腿发愁的时候，有位天上的神人听到了长股国人的叹息。他仔细一看，也不禁为长股国人感到遗憾，看着海中的鱼却够不到，天天为吃不饱肚子发愁，真是可怜，于是便想助他们一臂之力。本来神人想动用神力改变长股国人的身体构造，但在这时候他突然又听到另一个哀叹的声音。他低头一看，顿时有点傻眼了。原来在大海的南部还有一个国家，这个国家的人身体其他部位都和正常人一样，只有胳膊特别长，走路都要拖着胳膊走，干什么都十分不方便；而且这里土地贫瘠，人们想要迁徙，却被两条长长的胳膊连累，走也走不远。刚才的叹息便是长臂国的人发出的。那位神人看到这里，哈哈一笑，他突然有了一个绝妙的主意。

长股国的人是腿长胳膊短，长臂国的人是胳膊奇长，如果把这两个国家的人放到一起，优势互补，岂不是完美？

这么想着，神人便施展法术将长臂国的人全都迁到了长股国中，并显现神迹告诉他们，长臂国人的到来可以帮助他们实现丰衣足食的愿望，他们要分工合作，互相帮助。长股国的人十分感激，连忙叩拜神人。

自此以后，长股国的人就开始和长臂国的人一起生活。长股国的人将长臂国的人背在背上，然后迈开大长腿走进海水中，那海水都还不到他的膝盖呢；长臂国的人则手拿鱼叉和渔网，尽情捕获海中的鱼虾。长股国的人和长臂国的人再也不哀叹他们异于常人的长腿和长胳膊了，反而感激他们各自拥有的优势，从此都过上了富足的生活。

44 我们是巨人的精英

夸父国

技能：善于奔跑，能够操控蛇
地域：中原北部的大荒中
外貌：身材高大
特点：将蛇当作装饰缠绕在胳膊上

> 夸父国，出自《山海经·海外北经》，其记载："夸父国在聂耳东，其为人大，右手操青蛇，左手操黄蛇。邓林在其东，二树木。一曰博父。"

在远古时期，北方的大荒中有一个巨人组成的国家，名叫夸父国。这个国家的人是大神后土的后代，因此天生身材高大，力大无穷。他们善于奔跑，在荒野树林中追逐野兽，身上穿着兽皮制成的衣服，佩戴野兽的骨头，还喜欢将蛇缠在身上当作装饰，尤其喜欢青色和黄色的蛇，他们常常左手缠绕着黄蛇，右手缠绕着青蛇。

夸父国的人虽然看起来十分强悍，但其实他们都是热心肠，喜欢帮助弱小，打抱不平。

有一年，天上出现了个格外大的太阳，烤得大地干裂，河水干涸，地上的生灵都苦不堪言。夸父国的人看到这种情形，十分着急和气愤，便想把太阳摘下来，让他不要肆意妄为弄得天下民不聊生。于是夸父国中有一人主动要去追赶太阳。太阳原本还不把夸父国的人放在眼里，但是那人身形高大，健步如飞，一步就能跨过一条大河，又一步就能迈过一座大山，太阳一看这种情形也十分畏惧，赶快向西方落去，后来，太阳看到夸父颓然倒地，不由得暗暗钦佩夸父的勇气，

此后再不出来作乱。于是，大地又恢复了生机。

后来天下起了纷争，黄帝部落和九黎部落展开了争夺天下之战。黄帝部落有上天相助，眼看就要赢得战争的胜利，九黎部落的酋长蚩尤十分着急，所以到处寻找能人异士。正在这时，有人向蚩尤说了夸父国的事情，蚩尤十分高兴，心想如果有这样的巨人相助，战斗力肯定能大增，便派人带了珍宝礼物去夸父国，请夸父国的人前来帮忙。

蚩尤的人来到夸父国，向他们说明来意。他们知道夸父国的人都很正直，于是刻意将这场战争说成是黄帝部落欺负蚩尤部落，以博得夸父国人的同情。夸父国的人历来以打抱不平为己任，一听到有这样的事，便直接答应去帮助蚩尤。

来到蚩尤的队伍，夸父国的人依靠巨大的身形和天生的神力打得黄帝部落节节败退，确实给蚩尤带来了很大的帮助，蚩尤十分高兴。黄帝部落那边正愁无计可施的时候，上天派来了创世神龙应龙来助战。应龙法力高强，引来洪水冲击蚩尤部落，夸父国的人也节节败退。这时黄帝劝导夸父国人速速投降，不要被蚩尤所利用。夸父国的人并不相信他，继续进攻，应龙不得已杀掉了一些夸父国人，蚩尤部落这才撤退。

回去以后，仅剩的一个夸父国人想起黄帝的话，便问蚩尤是否欺骗了他们，蚩尤无言以对。夸父国人知道黄帝说得没错，便决定不再帮助蚩尤，于是回到了自己的国家，从此再也没人见过他了。

45 大脚，怎么了？

跂踵（qǐ zhǒng）国

技能：踮着脚走路
地域：离中原很远的大荒北部
外貌：长着一双大脚
特点：害怕蛇类

> 跂踵国，出自《山海经·海外北经》，其记载："跂踵国在拘瘿东，其为人两足皆支。一曰反踵。"其中，"踵"的意思是脚后跟，"跂"的意思是抬起脚后跟。

相传在北部的大荒中有一个国家名叫跂踵国，这个国家的人身型比一般人高大，长着一头红头发，最奇特的是他们有一双特别大的脚，那脚长有两尺，宽有一尺，与他们的身材相比，显得十分不协调。再看他们的走路姿势，并不是整个脚踏在地上，而是踮起脚，抬起脚后跟，只用脚趾走路。

跂踵国人这种走路方式当然很不方便，一步三晃，又累又别扭，搞不好一个不小心还会摔倒呢。既然用脚趾走路这么别扭，那为什么还要这样走路呢？

原来最早的时候，跂踵国的人也都是正常走路的，他们的一双大脚走路又快又稳，但是落地时声音非常大，震得周围尘土飞扬。一次跂踵国的一个人到野外打猎，一双大脚不小心踩到了蛇的洞穴，一下子把这洞穴踩塌了，而那个跂踵国的人还浑然不知，依旧往前奔跑。这条蛇并不是一条普通的蛇，它已经在这里修炼了很多年，马上就能飞升上天了，那个洞穴是它一直修炼的仙洞，现在它的洞穴被毁，再

也不能用了,它非常生气,决定要报复这里的人们。

于是它便来到跂踵国人居住的大地上,对着周围的山川大地喷出了火焰,那火焰连石头都能烧着,跂踵国马上变得酷热难当。等火灭了以后,人们再出来发现大地仍然滚烫无比,脚直接踩上去就会被烫伤,于是他们便回到屋子里想等着地面重新恢复凉爽再出去,结果等啊等啊,地面始终没有变凉。这时候那个踩了蛇洞穴的人忽然想起来,说他梦见一条蛇,告诉他这是对他们国家人的惩罚,谁让他们走路不看地,所以惩罚他们以后再也不能用那双大脚直接接触地面,只能小心翼翼地走路。

跂踵国的人一听,原来是这样,那也没办法,谁让自己有错在先呢。

可是人们总要出去活动和觅食啊,没法走路岂不是要饿死在这里了?这时候那个梦到蛇的跂踵国人说,其实那蛇也给我们留下了一个办法,众人忙问是什么办法,那人说道:就是小心翼翼地走路。怎么才算小心翼翼呢?于是就有人想到踮着脚走路,这样就能减少脚和地面接触,避免被烫伤。其他人也觉得这个办法可行,便到外面试一试。说来也怪,他们踮起脚用脚趾走路,地面果然就不那么热了。

从此以后,跂踵国的人都开始用脚趾走路,慢慢地就形成了习惯,想改也改不了了。

46 舌头分叉，怎么吃东西？

歧舌国

技能：能够用舌头感知空气中的味道和温度
地域：离中原很远的南方大陆
外貌：长着分叉的舌头
特点：和蛇类和平相处

> 歧舌国，出自《山海经·海外南经》，其记载："反舌国在其东，其为人反舌。一曰支舌国，在不死民东。""支舌"的意思就是舌头分叉。

上古时候，在大陆南方的遥远地区有一个歧舌国。这里的人长得和普通人没什么两样，但是他们却有一个和常人不同的特点，就是他们的舌头都是分叉的，就像蛇的舌头一样。

由于舌头分叉，所以歧舌国的人说话会受到影响，只发出"呲呲"的声音，除了自己国家的人，其他人都听不懂他们说的是什么。

歧舌国人长着像蛇一样的分叉舌头确实也与蛇有关。

歧舌国人生活的地区气候潮湿，森林遍布，这是蛇类最喜欢的环境了，这里的确也生活着数不清的蛇。在远古时候，蛇也是人类捕猎的对象，生活在这一地区的歧舌国人自然就避免不了对蛇的捕杀。

在国中有位善良的年轻巫师，他崇拜蛇的能力，觉得蛇是神圣的动物，所以从不伤害蛇类，也不吃蛇肉，被国人看作异类。

但是只有他自己坚持，并没有什么用，其他人还是在每天捕蛇，把蛇当作食物。巫师见自己国家的人总是捕杀蛇类，与蛇族之间的矛盾越来越深，感到十分焦急，但是也劝说不了其他人，只能独自

发愁。

一天晚上，巫师做了个梦，梦中一位人首蛇身的女神对他说道："明天上山，去最大的那棵杉树下面。"巫师猛然惊醒，回想刚才的梦境，才想起来，这人首蛇身的女神莫非是造人的女娲娘娘？这梦肯定是女娲娘娘给他的提示，他还记得梦中女娲娘娘对他说的话，于是决定第二天上山看看。

第二天一早，这位巫师就来到了最大的杉树下面，赫然发现有一条浑身雪白的蟒蛇盘卧在树下。巫师先是吃了一惊，然后发现那蟒蛇好像在承受着某种痛苦，仔细一看便发现，原来这蛇受了伤。巫师本来就有治病救人的职责，见这蟒蛇受伤岂有不管的道理，于是便慢慢走近蟒蛇，并对它说道："我是巫师，我是来为你治疗伤口的，请不要害怕，我不会伤害你的。"那蟒蛇似乎能听懂他说的话，便真的一动不动任由巫师为它治疗。等伤口敷上草药，那蟒蛇便慢慢地爬走了，巫师也下了山。

到了晚上，巫师又做了一个梦，这次梦中却是位身穿白衣的老者。那老者先表明身份，说自己就是白天被巫师救助的那条蟒蛇，是蛇族的族长，然后对巫师表达了谢意，说要报答巫师。巫师连说不用，然后对老者说他们国家的人捕杀了数不清的蛇，为此他感到抱歉。那老者也是很痛心，便说歧舌国的人肯定会遭到报应。那巫师一听连忙向老者求情，说他的国人也有苦衷，而且不了解蛇族，请不要伤害他们。老者便说，看你求情，我可以不伤害他们，但他们也是要受到惩罚的，说完便消失不见了。

第二天，巫师发现自己国家的人全都长出了像蛇一样的舌头，原来那老者说的惩罚就是让这里的人变成与蛇相近的样子，感受蛇的生存方式，以弥补他们伤害蛇族的罪过。巫师见此情况，便把之前经历的事情讲给大家听，并告诉国人那蛇族族长虽然让大家长出了蛇的舌头，但是同时也赋予了大家蛇的能力。所以歧舌国的人可以靠舌头感知猎物的存在，也就慢慢适应了分叉舌头，渐渐地也有了和蛇差不多的习性。

47 你看过九尾狐吗？

技能：种植五谷，养蚕纺织
地域：离中原很远的东北方的大荒之中
外貌：和普通人一样
特点：隐居不见人

> 青丘国，出自《山海经·海外东经》，其记载："青丘国在其北，其人食五谷，衣丝帛。其狐四足九尾。一曰在朝阳北。"

相传在东北方的大荒之中有一个国家，这里有一望无际的平原，花草遍地，是个美丽富足的地方。这里的土地肥沃，水源充足，人们以耕种为生，种植五谷，养蚕纺织，用自己纺织的丝绸做成衣服。因为在国家中有一座绿树丛生的小山，所以这里就被叫作青丘国。

青丘国风景秀丽，四季如春，可谓人杰地灵，所以不仅有青丘国的国人居住，还有许多神的种族在此，其中有一个九尾狐族便是众多神族中最尊贵的一支。

九尾狐是上古时候的神兽，长着九条尾巴，极具灵性，平时隐居在山中，每当九尾狐出现，便预示着要出现祥瑞。

传说夏朝的开国君王大禹受舜帝的委托治理天下的水患，大禹十分聪明，一改以往只知道堵缺口的办法，利用水往低处流的特性，疏通河道，终于取得了一些成效，天下不再到处洪水泛滥。因此人们十分感激大禹，大禹在民间受到普遍的拥戴。但是大禹只顾着四处奔走，一心治水，根本没有时间也没有心思去考虑自己的终身大事，所以一直到三十岁，还是独身一人。

这一年,大禹治水来到了涂山这个地方,想到自己还未成家,有愧父母,便生出一些感叹:我做的都是造福天下的事情,想必父母会理解,如果真的到了娶妻成家的时候,想必上天会给我一些启示吧。

正想着,一只九尾狐忽然出现在了大禹的面前,只见那九尾狐浑身雪白,似乎还隐隐地发出淡淡的光芒,看起来神圣无比。大禹知道这是上天听到了他的感叹而对他做出的回应。正在这时,不知哪里飘来了一阵歌声:"象征吉祥平安的白狐啊,有着九条美丽的尾巴;来到涂山的贵客啊,将来必定称王。"

大禹听到这里便明白了,九尾白狐在这里现身,是在传达上天的神谕,告诉自己涂山就是他要娶妻的地方。后来大禹果然在这里遇到住在涂山的一个氏族,见到了其中一位女子女娇,两人一见钟情,结为连理。

后来因为大禹治水有功,舜帝将自己的帝位禅让给了大禹,大禹就成为天下的君主,开创了夏朝。大禹是位英明的君主,将天下治理得非常好,水患也被大禹解决,人们全都拥护他。而大禹的妻子女娇也感念九尾白狐的启示,后来居住在了青丘这个地方。

48 我们的宠物是蛇

技能：驱使毒蛇
地域：在离中原很远的东北方大地上
外貌：长着黑色的牙齿
特点：吃水稻和蛇肉

> 黑齿国，出自《山海经·海外东经》，其记载："黑齿国在其北，为人黑齿，食稻啖蛇，一赤一青，在其旁。一曰在竖亥北，为人黑齿，食稻使蛇，其一蛇赤。"其中"使"是驱使的意思。

在很久很久以前，在大地的东北方有一个国度名叫黑齿国，之所以叫黑齿国，是因为这里的人们不论男女老少都长着黑色的牙齿。黑齿国的国民有着黝黑的皮肤、红红的嘴唇，平时身穿红色衣服。黑齿国的人拥有独特的本领，就是可以驯服毒蛇。之所以有这样神奇的本领，因为他们是天帝的后代，肩负着造福人类的使命。

那时候，大地的生存环境恶劣，不仅有洪水地震等天灾，还有许多毒虫猛兽生活在人类周围。而且人类聚落只有很小的规模，地上更多的是豺狼虎豹、毒虫毒蛇。天灾尚可躲避，但是倘若被毒蛇咬到，那就必死无疑，因此人类在这样的环境中生存十分艰难。

天帝有心帮助地上的人类，却没有很好的办法，因为万物是平等的，天帝也不能为了人类的生存就将毒蛇猛兽赶跑，所以怎么让人类能够更好地栖息繁衍，成了天帝的一大烦恼。

恰在这时，天帝的妻子巡游人间回来，带回来一条黑红相间的小蛇，并对天帝说，这蛇是她在东北方的大地上见到的，也不知为何见

到她就一直跟着。天帝的妻子见它似乎通人性,便把它带回来准备当作宠物养着。

说来也怪,带回那条小蛇不久,天帝的妻子便有了身孕,生下了一个浑身黝黑的孩子,就连牙齿也是黑的,只有嘴唇是红色的。这孩子生来便会说话,而且会讲蛇语,经常和他母亲带回来的那条小蛇一起玩耍,还可以驱使小蛇为他表演,而那小蛇似乎心甘情愿为他服务。天帝见此情景立刻明白了,这个孩子具有驱使毒蛇的能力,他的到来是天意,而且他肯定是要担负起更大的使命的。于是天帝便把地上人们遭受毒蛇侵扰的事情说给这个黑牙齿的孩子,那孩子一听,马上向天帝请命,说他愿意去到地上,为人们收服毒蛇。

天帝十分欣慰,便给了他稻种,那孩子便告别了天帝和母亲,带着小花蛇来到了东北大地,一边耕种稻田,一边收服那里的毒蛇,并与蛇共同生活,将蛇视为伙伴。渐渐地,周围的毒蛇都被收服,那里也逐渐成了一个国家——黑齿国。自从有了黑齿国,那里的毒蛇便不再肆虐,周围人们的生活也越过越好了。

49 我们只长一只眼

技能：眼睛发射出的光芒是武器
地域：在疏属山上
外貌：人面蛇身，脸的中间只长着一只眼睛
特点：喜欢互相争斗

> 鬼国，出自《山海经·海内北经》，其记载："鬼国在贰负之尸北，为物人面而一目。一曰贰负神在其东，为物人面蛇身。"

在上古时期西北大地上，有个国家名叫鬼国。这里的人长相和常人不同，他们有着人的脑袋和蛇的身子，最奇特的是脸上只长着一只眼睛，这眼睛竖着长在脸的中间，眼皮也是左右开合。可不要小看这一只眼睛，它能够发出灼人的光芒，具有很大的威力。

鬼国的人性格暴躁，喜欢争斗，常常一不顺心就打起架来，然后用那只眼睛发射出的炽热光芒当作武器互相攻击。而且不知道为什么，他们见到和牛长得像的动物就十分生气，并拼命追赶它们，直至用眼睛射出的光芒将动物杀死。

他们之所以有这样的神力，是因为借助了上古天神贰负的力量。

相传，在疏属山中曾经囚禁过一位天神，就是贰负。贰负这位天神虽然法力高强，但是却心胸狭窄，喜欢杀戮。他的手下有一个名叫危的天神，危与另一位天神窫窳（yà yǔ）产生了矛盾，想要报复他。他知道贰负性格冲动，爱记仇，便利用了贰负的这个弱点，挑拨贰负与窫窳的关系，贰负便一个冲动杀死了窫窳。

窫窳本是一位老实本分的神祇，却死得如此冤枉，因此有人将这

件事告诉了天帝。天帝十分生气，便将窦窳用神药复活，复活后的窦窳变成一种龙首牛身的神兽。而且天帝还处死了罪魁祸首危，同时认为贰负没有明辨是非的能力，觉得他不配当天神，便重罚贰负，将他流放到荒凉的西北疏属山，手脚戴上刑具，绑在一棵大树上，惩罚他永远不得自由。

贰负虽然被天帝惩罚，但是他的内心仍旧不觉得自己有错，他怨恨为什么窦窳能够得到重生，而他却要一直被困在这里，所以仍旧想着要报复窦窳。因为重生后的窦窳是一种长得像牛的神兽，因此他便记住要找像牛一样的野兽报复。

不知过了多少年，贰负终于死在了疏属山上，但是他毕竟曾是法力高强的天神，而且仍然带着怨气，所以死后的法力和怨念竟然催生出了许多的鬼国人。

鬼国人和贰负一样是人首蛇身，但是只有一只眼睛。本来人有两只眼睛，一只代表善，一只代表恶，但是鬼国人只有一只代表恶的眼睛，所以只能看到恶，心中只有报复。而且他们保留了贰负那残暴的性格，所以他们才会互相争斗，并且一直记得要追杀窦窳，因此对长得像牛一样的野兽格外憎恨。

50 我就是传说中的美人鱼

氐(dī)人国

技能： 将鱼尾化为双腿
地域： 中原南部，建木西边
外貌： 长着人面鱼身，没有腿和脚
特点： 行踪隐秘

> 氐人国，出自《山海经·海内南经》，其记载："氐人国在建木西，其为人人面而鱼身，无足。"

在上古时期，有一棵神奇的大树，名叫建木，高达百仞，树干上不生长枝条，是天帝等神仙上天下地的通道。在建木的西边有一个国度，名叫氐人国。

氐人国的人民全部是人面鱼身，头部、上身和上肢均和人没有差别，从腰部以下开始没有腿和脚，却是一条大大的鱼尾。氐人国的子民原本都是炎帝的后代，最早也都是可以自由上天入地的神人，只因犯了天规，触怒了天帝，所以才被罚来到地上。

话说当初氐人国人还可以自由出入天地的时候，国中有位少女常常化成人形，偷偷跑到人间游玩。这位少女生性善良又机敏活泼，到了人间后常常惩奸除恶，帮助一些困苦的人。

一次她又下来游玩，路过一地，听到从一破旧房屋中传出悲痛的哭声，便前去询问，这一问把她气得够呛。原来这个地方有一个恶霸，仗着家中有势力，平时就爱欺凌弱小，百姓们都敢怒而不敢言。这次这个恶霸看上了这户人家的女儿，逼着人家和他成亲，女孩的爹爹气不过，便和这恶霸争论，谁知被恶霸气得一病不起。

这位氏人国的少女听说此事，气愤异常，便安慰那女孩说："你别伤心了，我有办法。"随后便秘密和女孩说了计划。

到了迎亲那天，恶霸来迎娶女孩。到了门口，他发现女孩已经穿好嫁衣，盖着盖头等着，心中十分得意，便高高兴兴把女孩接了回去。等到人们都散了，这恶霸揭开盖头才傻了眼，这是谁？原来是那氏人国少女代替那女孩上了轿子，来到了恶霸家。这下四下无人，少女好好教训了恶霸一番，警告他再也不许欺负弱小。那恶霸赶紧点头认错，心中却满是愤恨，于是假意问道："不知您是何方神圣，今日承蒙您的教导，小人知错了，望告知姓名，小人日后好感念这不杀之恩。"少女见他认错，以为他真心悔改，便说了"氏人"两个字后就消失不见了。

此时恶霸却有了主意，决定要好好报复这氏人。他找来巫师询问氏人的事情，并问如何才能降服他们。那巫师告诉恶霸氏人是神人，由建木上下，原形乃是人面鱼身，最怕的是人间的污水。恶霸便命人找来污水，等候在建木旁边，待那少女再次出现时，向那少女泼了污水。登时少女便化为人面鱼身，且使不出法力。眼看少女就要被抓，建木上随后又有一位氏人少年落下，没等恶霸一行人反应过来，便将他们都打晕，接着带少女回了天上。

可是即便这样，少女依旧受到惩罚，要被贬到人间，因为神人是不可以在人间显露真身的。这时，救少女的那位少年也向天帝请命，愿陪少女一同受罚。天帝便划定了建木西边的地界，罚他们在此修行。

少女与少年来到人间，逐渐建立了氏人国，但是他们的国家十分隐秘，一般人根本找不到，据说是怕人们再看到他们的真身。

头上长三只角会怎样?

戎国

技能：辨别善恶
地域：中原北部的大地上
外貌：长着人的脑袋，头上长着三只角
特点：诚实善良

> 戎国，出自《山海经·海内北经》，其记载："戎，其为人人首三角。"意思是：有个国家叫戎国，戎国人脑袋像人，头上长着三只角。

相传在很久很久以前的西北方有一个国家，名叫戎国。在这个国家生活的人都长着三只眼，头上长着三只角，这三只角像羊角，头部两边的两只角短，中间的一只角长。

戎国人都十分诚实正直，他们从不说谎，而且他们只要用头上的长角靠近其他人，就能够知道人们心中的秘密，辨别出善恶。

当时是尧帝治理天下的时候，尧帝年老，要寻找接班人，但是他自己的儿子却不争气，是个愚笨的人，还好吃懒做。尧帝非常有责任心，知道绝不能让这样的人治理天下，因此想要在天下寻找适合当君主的人。这人不仅要有智慧，还要仁爱勤政，这样国家才会安定，四方也会臣服。可是要到哪里去寻找这样优秀的人呢？即便找到了，又如何知道真假？

为此尧帝十分焦急，整日寝食难安。正在尧帝叹气的时候，有人向尧帝举荐了戎国人，说这个国家的人头上都长着三只角，是瑞兽三角兽的后代，能够看透人心，辨别真伪，如果能找到戎国人，借助他

们的神力，定能找到合格的帝位继承人。

尧帝听后非常高兴，便亲自安排最可靠的大臣羲仲动身前往戎国。到了戎国后，羲仲向戎国人说明来意，希望他们能够帮助天下臣民寻找到一位合格的接班人。戎国的国王听说过尧帝的功绩，知道尧帝是位开明的皇帝，推广农耕、制定历法，把天下治理得井井有条，因此对尧帝十分敬佩。但是按照戎国的风俗，还是要对使者所说的话进行辨别，于是便下令召见一个最有灵性的戎国人前来。来者是位俊朗的少年，他来到羲仲身旁，先是向他施礼，然后将长长的角靠近羲仲的心脏，过了一会儿便向国王回禀："这位使者拥有一颗炽热火红的心，沉稳有力，忠心为国，他说的话必定可信。"

羲仲听了这话不禁暗暗佩服这戎国少年。国王十分高兴，便让羲仲带着少年一同回到了中原面见尧帝。

尧帝见羲仲带回了戎国人，也非常高兴，恰好这时正在会见由各地举荐而来的接班人，便请那少年来辨别。戎国少年用他的长角一个个辨别，然后胸有成竹地回禀尧帝："第一个人的心小，不是宽容的人；第二个人心冷，不是能体察民情的人；第三个人心无窍，不是有智慧的人。"尧帝听完便派人去审问那些举荐人，他们果然是为了自己的前途才举荐了这些人。

尧帝听到这个消息，既为戎国少年能辨别人心而高兴，又为找不到合适的人而烦恼。

这时羲仲说道："我听说在姚丘这个地方有一个名叫舜的人，他从小就非常孝敬父母，不论父母怎样对待他，他都始终用心侍候；而且具有仁爱之心，无私帮助邻里，就连耕地的牛都舍不得鞭打一下。这样的人才是能治理天下的人啊！"

尧帝听从了羲仲的建议，便让羲仲带着戎国少年去往舜的家乡。那少年听了舜的心声后，也说舜是难得的有热心又有孝心更有智慧的人。尧帝这次亲自去到舜所在的地方打听，听到的也都是对舜的夸赞。于是，尧帝便把帝位传给了舜。后来舜果然把天下治理得十分太平，许多周边的国家都归顺了舜。

52 我喜欢大海

始鸠(jiū)国

技能：会飞
地域：东海之中的岛屿上
外貌：长得像鸠鸟，长着翅膀
特点：崇尚自由，喜欢大海

始鸠国，出自《山海经·海内东经》，其记载："始鸠在海中，韩雁南。"意思是始鸠国是海中的一个国家。

在很久很久以前，在东海之中有一个岛屿，这个岛屿名叫始鸠国，上面生活着一种长着翅膀的人，善于飞翔，他们就是始鸠国人。

始鸠国人生性善良，热爱自由。他们本是生活在中原大地的部族，最早因为一个人向往大海，便来到了海中的一个岛屿，才有了后来的始鸠国。

当时的天下是由五方天帝之一的少昊治理。据说少昊出生时，有五色凤凰前来祝贺，因此其生来便有驱使百鸟的能力。后来少昊成为部族首领，统领24部族，便任用天下百鸟为官，其中最著名的有五种鸠鸟担任官职：祝鸠担任司徒，鴡（jū）鸠担任司马，鸤（shī）鸠担任司空，爽鸠担任司寇，鹘（gǔ）鸠担任司事。它们被称为"五鸠"。这"五鸠"各司其职，帮助少昊治理部族。

其中鸤鸠的工作主要是管理天下的土地。鸤鸠有两个儿子，它一心想把儿子培养成自己的接班人，便每天教它们为官之术。大儿子本

本分分，一心想要和父亲一样成为治理土地的司空；而小儿子却不想一辈子只固守这一片土地，过拘束的生活，它的心中早就有了远大目标，要去那遥远浩瀚的海洋。

鸤鸠常常以自己的工作为傲，它经常带着自己的两个儿子翱翔在空中，指着下面广阔的土地说："你们看，这就是为父需要治理的土地，这是多么广阔无边啊！"鸤鸠的大儿子也跟着父亲说："真是一望无边的土地，父亲真是太伟大了！我长大后也要像父亲一样做司空，掌管天下土地。"鸤鸠听后感到很欣慰。

但是鸤鸠的小儿子却不以为然，说道："这土地虽然广大，但是和东海相比真是太渺小了，世界上最广阔的地方是海洋！我长大后要去海上，过自由自在的生活！"

鸤鸠听到这话不太高兴，小儿子居然看不起它的工作，而且它不理解为什么有好好的土地不待着，反而要去海上，那里海浪滔天，充满未知与危险。鸤鸠便想教训一下这个小儿子，让它知难而退，于是说道："你懂得什么，东海离这里不知有多遥远，恐怕你还没飞到那里就累死了！"

但是这个小儿子却始终坚持自己的梦想，终于在它羽翼丰满的时候向着海洋出发了。它一路上不知经历了多少风雨磨难，每次想要放弃时，他都在心中想象海洋的自由广阔，便再一次出发。最终它终于到达了东海，这里比它想象的还要美丽：海水澄净碧蓝，无边无际；海中矗立着仙岛无数，就像是仙境一般。于是它就在此定居了下来，每天都在海上自在飞翔。

因为受到这只勇敢鸤鸠的鼓励，越来越多的鸠鸟也来到了这里，慢慢地，这里就真的变成了一个国家。因为它是第一个来到海上的鸤鸠，所以就把这里叫作始鸠国。

53 我们不是刺猬，却长了一个刺猬头

环狗国

技能： 擅长挖掘洞穴
地域： 中原北部，昆仑山北面
外貌： 长着人的身体、刺猬一样的脑袋
特点： 群居，冬眠

> 环狗国，出自《山海经·海内北经》，其记载："环狗，其为人兽首人身。一曰蜎（wèi）状如狗，黄色。"

上古时候，在昆仑山的北面有个地方，名叫环狗国。这里的人长着人的身体，却有一个像刺猬一样的脑袋，脑袋和后背上都长满黄黄的、硬硬的尖刺，还有一个像刺猬一样长长尖尖的鼻子。

环狗国的人生活在阴凉潮湿的山脚下的河流边，居住在自己挖掘的洞穴里。他们生性胆小，白天一般躲在自己的洞穴中休息，等到太阳下山后才出来活动。

环狗国人的嗅觉发达，他们出来活动的时候，总是用那长长的鼻子嗅来嗅去，能够嗅到野兽和食物的味道。假如洞穴附近有凶猛的野兽，他们嗅到后就会马上躲进洞里，等危险过去再出来。

他们吃的食物也和普通人不一样，最喜爱的食物是蚂蚁。寻找食物靠的也是那灵敏的鼻子，他们把鼻子贴近地面嗅来嗅去，当嗅到蚂蚁的味道时，就会用一些自制的工具挖开蚁穴，然后用一根沾上了蜂蜜的木棍伸入蚁穴中，这时候蚂蚁们便会被蜜糖的味道吸引，等到蚂蚁爬满木棍，他们就把棍子拿起来，吃掉上面的蚂蚁。

除了蚂蚁，他们也会采摘野果、野菜充饥。这时候他们那满头满身的尖刺就起到了作用，可以直接将摘下的果子扎到刺上面，然后毫不费力地运回洞穴之中。

等到冬天天气变冷的时候，食物减少，环狗国人没什么可以吃的，这时候他们就会进入冬眠。他们在自己的洞穴中一直沉睡到第二年的春天，等到天气变暖，万物复苏，他们就会再次醒来活动和寻找食物。

其实环狗国的人最初并没有刺猬一样的外形，他们像普通人一样，但是他们生活的地方野兽成群，普通的人既没有像野兽一样尖锐的牙齿和爪子，也没有野兽奔跑的速度，所以很多人和很多温顺的动物都被野兽吃掉了。

一次，环狗国的人发现了刺猬这种神奇的动物。他们发现刺猬遇到危险就会缩成一团，任何凶猛的野兽都拿它没办法，因此他们十分羡慕，便祈祷上天能让他们拥有像刺猬一样的能力。他们的诚心感动了上天，后来真的长出了和刺猬一样的保护刺，当然他们的习性也变得和刺猬一样。

不过就算是这样，他们也十分感谢上天，因为当他们再遇到什么猛兽，也像刺猬一样蜷成一团，就能躲过灾难，因此环狗国的人便能够在这片大地上继续繁衍生息下去了。